# Ruh, Can
## ve Beden: 1. Cilt

"Özümüzün" Gizemli Takibinin Hikâyesi

# Ruh, Can
## ve Beden: 1. Cilt

Dr. Jaerock Lee

**Ruh, Beden ve Can: 1. Cilt** Yazar: Dr. Jaerock Lee
Urim Kitapları tarafından yayınlanmıştır (Temsilci: Johnny. H. Kim)
235-3, Guro-dong 3, Guro-gu, Seoul, Korea
www.urimbooks.com

Tüm Hakları saklıdır. Yayınevinin yazılı izni olmadan bu yayının herhangi bir biçimde çoğaltılması, bilgisayar ortamında kullanılması, fotokopi yoluyla dağıtılması veya herhangi bir şekilde (elektronik, mekanik, kayıt) yayınlanması yasaktır.

Aksi belirtilmedikçe, tüm alıntılar Türkçe Kutsal Kitap'tan alınmıştır.
Eski Antlaşma © The Bible Society in Turkey, 2001
Yeni Antlaşma © Thre Translation Trust, 1987, 1994, 2001

Telif Hakkı © 2012 Dr. Jaerock Lee

ISBN: 979-11-263-1315-0 03230
Çeviri Hakkı © 2012 Dr. Esther K. Chung. İzin alınmıştır.

Daha önce Kore dilinde Urim Kitapları tarafından 2009 yılında yayınlanmıştır.

İlk Baskı Temmuz 2012

Editör: Dr. Geumsun Vin
Urim Kitapları Yazı İşleri Ofisi tarafından tasarlanmıştır.
Daha fazla bilgi için: urimbook@hotmail.com

# Önsöz

Genelde insanlar başarı kazanmayı, mutlu ve rahat bir yaşam sürmeyi isterler. Fakat paraları, güçleri ve ünleri olmasına rağmen hiç kimse ölümden kaçamaz. Kadim Çin'in ilk imparatoru Çin Şi Huang, yaşam iksiri olan bir bitkiyi aramış ama o da ölümden kaçamamıştı. Fakat Kutsal Kitap boyunca Tanrı, ebedi olan yaşamı nasıl kazanacağımızı bizlere öğretmiştir. İşte o yaşam İsa Mesih aracılığıyla gelir.

İsa Mesih'e iman edip İncil okumaya başladığımdan itibaren Tanrı'nın yüreğini anlamak için derin derin dua etmeye başladım. Yedi yıllık sayısız duadan ve oruçlardan sonra, Tanrı nihayet beni yanıtladı. Bir kilise açtıktan sonra Tanrı, Kutsal Ruh'un esinlemesiyle Kutsal Kitap'ta mevcut zor bölümleri bana açıkladı; bunlardan biride 'Ruh, Can ve Beden' ile ilgiliydi. Bu, insanın kökenini ve kendimizi anlamamızı sağlayan gizemli bir hikâyedir. Hiçbir yerde duyamadığım ve kelimelerin anlatmaya yetmeyeceği sevincimin hikâyesidir.

Ruh, can ve beden üzerindeki vaazlarımı vermeye

başladığımda Kore'den ve yurtdışından pek çok tanıklık ve yanıt aldım. Pek çokları kendilerini kavradıklarını, ne tür canlılar olduklarını anladıklarını ve gerek gerçek yaşamı kazanmakta, gerekse Kutsal Kitap'ta mevcut zor bölümleri anlamakta yanıtlar aldıklarını söyler. Bu insanlardan bazıları artık ruhun insanları olma, 2. Petrus 1:4 ayetlerinde, "O'nun yüceliği ve erdemi sayesinde bize çok büyük ve değerli vaatler verildi. Öyle ki, dünyada kötü arzuların yol açtığı yozlaşmadan kurtulmuş olarak, bu vaatler aracılığıyla tanrısal özyapıya ortak olasınız." diye yazılanları başarma mücadelesini verme ve Tanrısal öz yapıya ortak olma amaçlarına sahip olduklarını belirtirler.

Sun Tzu'nun Savaş Sanatı adlı kitabı, kendinizi ve düşmanınızı tanırsanız, hiçbir savaşı kaybetmeyeceğinizi söyler. "Ruh, Can ve Beden" kitabında anlatılanlar, 'özümüzün' en derin parçasına ışık tutar ve bizlere insanın kökenini öğretirler. Bir kez bu mesajı tam anlamıyla öğrenip anladığımızda her türlü insanı da anlayabileceğiz. Ayrıca bizleri etkilemekte olan karanlığı yenilgiye uğratmanın yönetmelerini de öğreneceğiz; böylece zafer dolu Hristiyan yaşamları sürdürebileceğiz.

Yazı işleri müdürü Geumsun Vin'e ve bu kitabın basımına kendini adayan çalışanlara teşekkür ederim. Her şeyde gönenç içinde olmanızı, canınız gönenç içinde sağlıklı yaşamlar sürdürmenizi ve tanrısal özyapıya ortak olmanızı umut ediyorum.

Haziran 2009,
*Jaerock Lee*

# Ruh, Can ve Beden Yolculuğunun Başlangıcı

*"Esenlik kaynağı olan Tanrı'nın kendisi sizi tümüyle kutsal kılsın. Ruhunuz, canınız ve bedeniniz Rabbimiz İsa Mesih'in gelişinde eksiksiz ve kusursuz olmak üzere korunsun."* (1. Selanikliler 5:23).

İlahiyatçılar, insanın unsurlarıyla ilgili tartışmalarında ikiye bölünmüş ve üçe bölünmüş teoriler arasında gidip gelirler. İkiye bölünmüş teori, insanın ruh ve can olarak iki parçadan oluştuğunu söyler. Üçe ayrılmış teoriyse insanın ruh, can ve beden olarak üç parçadan meydana geldiğini söyler. Bu kitap, üçe bölünmüş teoriye dayanmaktadır.

Genel olarak bilgi; Tanrı ile ilgili bilgi ve insanla ilgili bilgi olarak sınıflandırılır. Yeryüzünde yaşamlarımızı sürdürürken Tanrı'yla ilgili bilgiyi edinmemiz çok önemlidir. Tanrı'nın yüreğini anlamadığımızda ve O'nun isteğini izlediğimizde başarılı bir yaşam sürdürebilir ve ebedi yaşamı elde edebiliriz.

İnsan, Tanrı'nın suretinde yaratılmıştır ve Tanrı olmadan yaşayamazlar. Ve insanlar Tanrı olmadan kendi kökenlerini de net bir şekilde anlayamazlar. İnsanın kökeniyle ilgili soruların yanıtına ancak Tanrı'nın kim olduğunu bildiğimizde sahip olabiliriz.

Ruh, can ve beden salt insani bilgi, hikmet ve gücüyle

anlayabileceğimiz bir alana ait değildir. İnsanın kökenini anlayan Tanrı tarafından ancak bu alanın bilinmesi bizlere bahşedilir. Bu, bilgisayarı inşa edenin bilgisayarın yapısı ve prensipleri üzerinde mesleki bilgiye sahip olmasıyla aynı mantığa dayanır. Dolayısıyla bilgisayarın işleyişiyle ilgili her türlü sorunu çözebilende odur. Bu kitap ruh, can ve bedenle ilgili sorumlarımıza net yanıtlar veren dördüncü boyutun ruhsal bilgileriyle doludur.

---

**Okuyucuların bu kitaptan öğreneceği bazı önemli şeyler şunlardır:**

1. İnsanın parçaları olan ruh, can ve bedenin ruhani anlayışıyla okuyucular 'özlerine' derinlemesine bakabilir ve onun içyüzünü anlayabilirler.

2. Nasıl bir 'özden' meydana geldiklerini ve gerçekten kim olduklarını anladıklarına özlerinin kavrayışına erebilirler. Bu kitap; elçi Pavlus'un, "her gün ölüyorum" sözü gibi kendilerini karayabilme, kutsallığı gerçekleştirebilme ve Tanrı'nın arzuladığı ruhun insanı olabilme yolunu okuyucuya gösterir.

3. Ancak kendimizi tanıdığımızda düşman iblis ve Şeytan'ın tuzaklarından kaçınabilir ve karanlığı yenilgiye uğratacak gücü elde edebiliriz. İsa'nın, "Tanrı, kendilerine sözünü gönderdiği kimseleri ilahlar diye adlandırır. (Kutsal Yazı da geçerliliğini yitirmez)" (Yuhanna 10:35) dediği gibi, bu kitap, tanrısal özyapıya ortak olmak ve Tanrı'nın vaat ettiği tüm kutsamaları almak için okuyucuya kestirme yolu gösterir.

**Ruh, Beden ve Can: 1. Cilt**
İçindekiler

Önsöz

Ruh, Can ve Beden Üzerine Yolculuğun Başlangıcı

## 1. Kısım  Bedenin Oluşumu

| | | |
|---|---|---|
| 1. Bölüm | Beden Kavramı | 2 |
| 2. Bölüm | Yaratılış | 12 |

    1. Uzamların Gizemli Ayrışımı
    2. Fiziksel ve Ruhsal Uzamlar
    3. Ruh, Can ve Bedenden İnsan

3. Bölüm   Fiziksel Uzamdaki İnsan   36
    1. Yaşam Tohumu
    2. İnsan Nasıl Var oldu?
    3. Vicdan
    4. Benliğin İşleri
    5. Yetiştirilme

## 2. Kısım  Canın Oluşumul
(Canın Fiziki Uzamda İşleyişi)

| | | |
|---|---|---|
| 1. Bölüm | Canın Oluşumu | 84 |

    1. Canın Oluşumu
    2. Canın Fiziki Uzamdaki Çeşitli İşlevleri
    3. Karanlık

| | | |
|---|---|---|
| 2. Bölüm | Özbenlik | 124 |
| 3. Bölüm | Benliğin Şeyleri | 140 |
| 4. Bölüm | Yaşayan Ruh Seviyesinin Ötesi | 158 |

## 3. Kısım  Ruhu Geri Kazanma

| | | |
|---|---|---|
| 1. Bölüm | Ruh ve Bütün Ruh | 172 |
| 2. Bölüm | Tanrı'nın Orijinal Planı | 196 |
| 3. Bölüm | Gerçek İnsan | 206 |
| 4. Bölüm | Ruhani Dünya | 222 |

 Ruh, Beden ve Can: 1. Cilt

# 1. Kisim

# Bedenin Oluşumu

İnsanın kökeni nedir?
Nereden geldik ve nereye gidiyoruz?

İç varlığımı sen yarattın,
Annemin rahminde beni sen ördün;
Sana övgüler sunarım,
Çünkü müthiş ve harika yaratılmışım.
Ne harika işlerin var!
Bunu çok iyi bilirim.
Gizli yerde yaratıldığımda,
Yerin derinliklerinde örüldüğümde,
Bedenim senden gizli değildi.
Henüz döl yatağındayken gözlerin gördü beni;
Bana ayrılan günlerin hiçbiri gelmeden,
Hepsi senin kitabına yazılmıştı.
Mezmurlar 139:13-16

## 1. Bölüm
# Beden Kavramı

Zamanın geçip gitmesiyle insanın bedeni bir avuç toprağa dönüşür. İnsanın yediği tüm yiyecekler; gördüğü, duyduğu ve keyif aldığı ve yarattığı tüm şeyler 'bedenin' örnekleridir.

Et/Benlik/Beden Nedir?

Benlikte Kalan İnsanın Hiçbir Değeri Yoktur

Evrendeki Tüm Şeylerin Farklı Bir Boyutu Vardır

Yüksek Boyutlar, Daha Alt Boyutlar Üzerinde Kontrol Sahibidir

İnsanlık tarihi boyunca insanlar "İnsan nedir?" sorusunun yanıtını aradılar. Bu sorunun yanıtı; "Hangi amaç için yaşıyoruz?" ya da "Yaşamlarımızı nasıl yaşamalıyız?" gibi diğer sorularının da yanıtını bizlere verir. İnsanın varoluşu üzerine olan çalışmalar, araştırmalar ve tefekkürler yoğun bir şekilde felsefe ve din alanları içinde yürütülmüştür. Fakat net ve doğru bir yanıt bulmak kolay olmamıştır.

Buna rağmen insanlar vazgeçmeden ve sürekli olarak "İnsan nasıl bir varlıktır?" ve "Ben kimin?" sorularına yanıt bulmaya çabalar. Bu tür sorular sorulur çünkü onlara verilecek bir yanıt, insanın varoluşunun temel sorunlarını çözmek için bir anahtar teşkil edebilir. Bu dünyanın çalışmaları, bu sorulara berrak bir yanıt veremez, ama Tanrı verebilir. Tanrı evreni ve içindeki her şeyi ve insanı yaratmıştır. Tanrı'nın yanıtı doğru yanıttır. Bu tür sorularla ilgili, Tanrı'nın Sözü olan Kutsal Kitap'ta bir ipucu bulabiliriz.

Teorisyenler sıklıkla insanı 'ruh' ve 'beden' olarak iki parçadan meydana gelmiş olarak sınıflandırırlar. Zihinsel kısımdan meydana gelen parçayı 'ruh', görülebilir fiziksel kısımdan meydana gelen parayı da 'beden' olarak tanımlarlar. Ancak

Kutsal Kitap, insanı üçe bölüme ayırır: Ruh, can ve beden. 1. Selanikliler 5:23 şöyle der: "Esenlik kaynağı olan Tanrı'nın kendisi sizi tümüyle kutsal kılsın. Ruhunuz, canınız ve bedeniniz Rabbimiz İsa Mesih'in gelişinde eksiksiz ve kusursuz olmak üzere korunsun." Ruh ve can aynı şey değildir. Sadece farklı isimler değildirler; özleri de farklıdır. İnsanın ne olduğunu anlamak için bedenin, canın ve ruhun ne olduğunu öğrenmek zorundayız.

## Et/Benlik/Beden Nedir?

İlk olarak 'etin ' sözlük anlamına bakalım. Merriam-Webster sözlüğüne göre et, bir hayvan bedeninin, özellikle bir omurgalının bedeninin yumuşak kısmıdır; özellikle iç organlar, kemik ve deriden farklı olarak iskelete kasından oluşan parçalardır. Ayrıca bir hayvanın yenilebilir kısımları kastedilir. Fakat Kutsal Kitap'ta geçen et kelimesini anlamak için sözlük anlamından ziyade ruhani anlamını anlamak zorundayız.

'Beden' ve 'et' kelimeleri Kutsal Kitap'ta sıkça geçer. Taşıdıkları anlamlar ruhanidir. Ruhani açıdan et; çürüyen, değişen ve sonunda yitip giden şeyler için kullanılan genel bir terimdir. Ayrıca pis ve kirli şeylerdir. Yeşil yaprakları olan ağaçlar gün gelir kurur ve ölür; gövdeleri yakacağa dönüşür. Doğadaki ağaçlar, bitkiler ve tüm şeyler zamanla bozulur, çürür ve yitip gider. Dolayısıyla onlarda ettir.

Peki, ya tüm yaratılmışların efendisi insan? Bu gün dünyamızda 7 milyara yakın insan yaşamaktadır. Şu anda bile dünyanın bir yerinde bebekler doğmakta ve diğer yerinde insanlar ölmektedir. Öldüklerinde bedenleri bir avuç toprağa dönüşür ve o da ettir. Dahası yenilen yiyecekler, konuşulan diller, düşünceleri kayıt eden alfabeler ve insanın ihtiyaç duyduğu bilimsel ve teknolojik medeniyetlerin hepsi ettir. Zamanla bozulur, değişir ve ölürler. Bu yüzden bu dünyada gördüğümüz her şey ve evrende bildiğimiz tüm şeyler 'ettir'.

Tanrı'dan kopmuş olan insanlar etsel (yani benliğin) canlılarıdır. Onların yarattıkları da ayrıca etseldir. Benliğin insanları ne geliştirir ve ararlar? Onlar sadece benliğin tutkularını, gözün tutkularını ve maddi yaşamın verdiği gururu ararlar. İnsanların geliştirdiği medeniyetler bile insanın beş duyusunun tatmini içindir. Zevk aramak ve benliğin tutkularıyla arzularını tatmin etmek içindirler. Zaman geçtikçe insanlar daha fazla şehvet ve kışkırtıcı şeyler peşinde olmuşlardır. Medeniyet ne kadar geliştiyse, insanlarda o kadar şehvet düşkünü ve yozlaşmış olmaktadırlar.

Görülebilen 'benlik' olduğu gibi görülmeyen 'benlikte' vardır. Kutsal Kitap nefretin, ayrılıkların, çekememezliğin, adam öldürmenin, zina işlemenin ve günahla ilişkili tüm doğanın benliğe ait olduğunu söyler. Nasıl ki çiçeklerin kokusu, hava ve rüzgâr vardırlar ama görünemezler, insanların yüreğinde görünmez olan günahkâr doğada mevcuttur. Tüm bunlar benliktir. Dolayısıyla et/benlik; evrende zamanla bozulan ve değişen tüm şeyler için genel bir terimdir ve bunun içine günah, kötülük, yalan ve adaletsizlikte girer.

Romalılar 8:8 ayeti şöyle der: "Benliğin denetiminde olanlar Tanrı'yı hoşnut edemezler." Eğer burada geçen 'benlik' kelimesi diğer anlamı et olarak insanın bedenini simgeliyor olsaydı, hiçbir insanın Tanrı'yı hoşnut edemeyeceği anlamı çıkardı. Dolayısıyla bir başka anlamı vardır.

Ayrıca Yuhanna 3:6 ayetinde İsa'nın, "Bedenden doğan bedendir, Ruh'tan doğan ruhtur." Ve Yuhanna 6:63 ayetinde ise, "Yaşam veren Ruh'tur. Beden bir yarar sağlamaz. Sizlere söylediğim sözler ruhtur, yaşamdır." dediği gibi, Türkçe'ye et, beden ve benlik olarak çevrilen 'flesh' kelimesiyle burada kastedilen bozulan ve değişen şeylerdir; bu yüzden İsa, onun bir yarar sağlamadığını söyler.

**Benlikte Kalan İnsanın Hiçbir Değeri Yoktur**

Hayvanların aksine insan, his ve düşüncelere göre belli değerler ararlar. Fakat bunlar ebedi değildir ve bu yüzden onlarda benliğe aittir. Zenginlik, ün ve bilgi gibi insanların değerli addettiği şeylerde kısa zamanda yitip gideceği için anlamsızdırlar. Peki ya 'sevgi' denilen duygu? Sevgili olan iki insan birbiri olmadan yaşamayacağını söyleyebilirler. Fakat bu çiftlerin pek çoğu evlendikten sonra fikirlerini değiştirir. Kolaylıkla öfkelenip hiddetlenebilir ve hatta bir şeyi sevmedikleri için şiddete bile başvurabilirler. Duygulardaki bu değişimlerin tümü de benliğe aittir. Benlikte kalan insanlar hayvanlar ya da bitkilerden çok farklı değillerdir. Tanrı'nın nazarında bozulup yiten gidecek her şey benliktendir.

1. Petrus 1:24 ayeti şöyle der: "İnsan soyu ota benzer, Bütün yüceliği kır çiçeği gibidir. Ot kurur, çiçek solar, Ama Rab'bin sözü sonsuza dek kalır" Ve Yakup 4:14 ayeti şöyle der: "...sizler, yarın ne olacağını bilmiyorsunuz. Yaşamınız nedir ki? Kısa süre görünen, sonra yitip giden buğu gibisiniz."
İnsanın bedeni ve tüm düşünceleri, ruh olan Tanrı Sözü'nden uzaklaşmış olduğu için anlamsızdır. Kral Süleyman, bir insanın yeryüzünde sahip olacağı tüm onur ve görkeme sahip oldu ama o da benliğin anlamsızlığını kavrayarak şu sözleri söylemiştir: "'Her şey boş, bomboş, bomboş! diyor Vaiz. Ne kazancı var insanın Güneşin altında harcadığı onca emekten?" (Vaiz 1:2-3)

### Evrendeki Tüm Şeylerin Farklı Bir Boyutu Vardır

Fizik ya da matematikte boyut, uzayda bir konumun üç koordinattan biri tarafından tespit edilmesiyle belirlenir. Bir çizgide yer alan noktanın bir koordinatı vardır ve tek boyutludur. Bir düzlem üzerinde yer alan noktanın iki koordinatı vardır ve iki boyutludur. Aynı şekilde uzayda yer alan noktanın üç koordinatı vardır ve üç boyutludur.
Fizik açısından içinde yaşadığımız uzay, üç boyutlu bir dünyadır. Daha detaylı fiziğe göre zamanın dördüncü boyut olduğu düşünülür. Bu, bilimlerde geçen boyutlardır.

Fakat ruh, beden ve can bakımından boyut genel olarak fiziki ve ruhani olarak ikiye ayrılır. Fiziksel boyut, 'boyutsuzluktan' 'üç-boyuta' diye sınıflandırılır. İlk olarak 'boyutsuzluk' terimiyle canlı olmayan şeyler kastedilir. Kayalar, toprak, su ve metaller bu kategoriye girer. Tüm yaşayan canlılar birinci, ikinci ve üçüncü boyuta aittir.

Birinci boyutta yer alan şeyler yaşayan ve nefes alan canlılardır; fakat işlevsel bir hareketlilikleri olmadığından hareket edemezler. Bu boyutta çiçekler, otlar, ağaçlar ve diğer bitkiler yer alır. Bedenleri vardır ama ne canları nede ruhları vardır.

İkinci boyutta nefes alan, hareket eden, beden ve cana sahip olan canlılar vardır. Bunlar aslanlar, inekler, kuşlar, balıklar, böcekler ve koyunlar gibi hayvanlardan meydana gelir. Köpekler canları olduğu için sahiplerini tanır ya da yabancılara havlarlar.

Üçüncü boyutta ise nefes alan, hareket eden, görülebilir bedenlerinde can ve ruh taşıyan canlılar vardır. Tüm yaratılanların efendisi olan insanlar bu kategoride yer alır. Hayvanların aksine insanların ruhu vardır. Tanrı'yı düşünebilme ve arayabilme yetisine sahiptirler ve Tanrı'ya inanabilirler.

Birde gözlerimizin görmediği dördüncü boyut vardır. Bu, ruhani bir boyuttur. Ruh olan Tanrı, göksel varlıklar, melekler ve keruvlar bu boyuta aittirler.

## Yüksek Boyutlar, Daha Alt Boyutlar Üzerinde Kontrol Sahibidir

İkinci boyutta yaşayan canlılar, birinci ve daha alt boyutta yaşayan canlılar üzerinde kontrol sahibidir. Üçüncü boyutta yaşayan canlılar, ikinci ve daha alt boyutta yaşayan canlılar üzerinde kontrol sahibidir. Daha alt boyutta yaşayan canlılar, kendilerinden daha yüksekte yer alan boyutları anlayamazlar. İlk boyuttaki yaşam formları, ikinci boyuttaki yaşam formlarını; ikinci boyuttaki yaşam formları da üçüncü boyuttaki yaşam formlarını idrak edemez. Örneğin bir adamın toprağa bir tohum ekip onu suladığını ve ona baktığını farz edelim. O tohum filizlendiğinde ve meyve veren bir ağaç olarak büyüdüğünde, kendisine adamın ne yaptığını anlamaz. İnsanlar ayaklarının altında çiğnenip ölen solucanlar, bunun nedenini bilemezler. Yüksek boyutlar, daha alt boyutlar üzerinde kontrol sahibidir. Genel itibarıyla daha alt boyutların yüksek boyutların kontrolü altında olmaktan başka çareleri yoktur.

Aynı şekilde üçüncü boyutta yaşayan insanlar, dördüncü boyut olan ruhani âlemi anlayamazlar. Dolayısıyla benliğin insanı, kötü ruhlara boyun eğmek ve onların kontrolü altında olmakla ilgili hiçbir şey yapamaz. Fakat eğer benliği söküp atar ve ruhun insanı olursak, dördüncü boyutun dünyasına girebiliriz. Ve böylece kötü ruhları boyunduruğumuz altına alıp yenilgiye uğratabiliriz.

Ruh olan Tanrı, çocuklarının dördüncü boyutu anlamasını

ister. Bu yolla Tanrı'nın isteğini anlayabilir, O'na itaat edebilir ve yaşam kazanabilirler. Yaratılış 1. bölümde Âdem, iyiliğin ve kötülüğün bilgisini taşıyan ağacın meyvesini yemeden önce tüm şeyler üzerinde kontrol sahibiydi. Bir zamanlar Âdem yaşayan bir ruhtu ve dördüncü boyuta aitti. Fakat günah işledikten sonra ruhu öldü. Sadece Âdem değil, ama tüm torunları artık üçüncü boyuta aittirler. Öyleyse Tanrı tarafından yaratılmış olan insanın üçüncü boyuta nasıl düştüğünü ve dördüncü boyuttaki dünyaya nasıl geri dönebileceğini inceleyelim.

## 2. Bölüm
# Yaratılış

Yaratan Tanrı, insanın yetiştirilmesi için olağanüstü bir plan yaptı. Tanrı'nın uzamını, fiziksel ve ruhani olarak ayırdı ve onların içinde gökleri, yeryüzünü ve tüm şeyleri yarattı.

1. Uzamların Gizemli Ayrışımı

2. Fiziksel ve Ruhsal Uzamlar

3. Ruh, Can ve Bedenden İnsan

Çağlar öncesinde bir başına vardı Tanrı. Bir ışık olarak var oldu ve evrenin engin boşluğu içinde hareket eden her şeyi yönetti. 1. Yuhanna 1:5 ayetinde Tanrı'nın ışık olduğu yazar. Öncelikli olarak kastedilen ruhani ışıktır ama ayrıca başlangıçta Tanrı'nın Işık olarak var olduğu da kastedilir. Tanrı doğrulmamıştır. Bir başına var olan mükemmel bir varlıktır. Bu yüzden kendi sınırlı gücümüz ve bilgimizle O'nu anlamaya çalışmamalıyız. Yuhanna 1:1 ayeti, başlangıçla ilgili sırrı içerir ve şöyle der: "Başlangıçta Söz vardı." Bu, gizemli ve en güzel ışıklar içersinde Söze sahip Tanrı'nın formu ve evrendeki her alanı kontrolüyle ilgili bir açıklamadır.

Burada geçen 'başlangıç', insanın hayal bile edemeyeceği sonsuzluk öncesi bir noktadır. Hatta bu, Yaratılış 1:1 ayetinde geçen yaratılışın başlangıcından da önce bir andır. Öyleyse dünyanın yaratılışından önce ne gibi şeyler vuku buldu?

## 1. Uzamların Gizemli Ayrışımı

Ruhani dünyada çok uzakta değildir. Görülebilen göğün

farklı yerlerinde ruhani dünyayla bağlantı kurulabilen kapılar vardır.

Uzunca bir zaman geçtikten sonra Tanrı, Sevgisini ve tüm diğer şeyleri paylaşabileceği birinin olmasını istedi. Tanrı'da hem tanrısallık hem de insanlık vardır ve bu sebeple bir başına her şeyin tadını çıkarmak yerine biriyle her şeyi paylaşmak istemiştir. Aklında bunu barındırarak insanın yetiştirilmesi planını yaptı. Bu, insanı yaratma, çoğalmaları için onları kutsama, Tanrı'ya benzesinler diye sayısız canı kazanma ve onları göksel egemenlikte toplama planıydı. Bu plan tıpkı bir çiftçinin ürünleri yetiştirmesi, bir araya getirmesi ve sonra ambarda bir araya getirmesine benzer.

Tanrı, kendisinin olacağı ruhani bir uzamla, insanların yetiştirilme sürecinin gerçekleşeceği fiziki bir uzamın olması gerektiğini biliyordu. Engin evreni ruhsal ve fiziksel olarak ikiye ayırdı. O andan itibaren Tanrı, Üçlü Birliğin Baba Tanrısı, Oğul Tanrısı ve Kutsal Ruh'u olarak var oldu. Çünkü gelecekteki insanın yetiştirilme sürenin gerçekleşmesi için Kurtarıcı İsa'ya ve Kutsal Ruh'a ihtiyaç duyulacaktı.

Vahiy 22:13 ayeti şöyle der: " Alfa ve Omega, birinci ve sonuncu, başlangıç ve son Ben`im." Bu, Üçlü Birlik ile ilgili bir ayettir. 'Alfa ve Omega' ile kastedilen, insanın tüm bilgisi ve medeniyetlerinin başı ve sonu olan baba Tanrı'dır. 'Birinci ve sonuncu' ile kastedilen, insanın kurtuluşunun başı ve sonu olan Oğul Tanrı İsa'dır. 'Başlangıç ve son' ile kastedilen, insanın yetiştirilme sürecinin başı ve sonu olan Kutsal Ruh'tur.

Oğul İsa, Kurtarıcının görevini yerine getirir. Kutsal Ruh, yardımcı olarak Kurtarıcıya tanıklık eder ve insanın yetiştirilme sürecini tamamlar. İncil, Kutsal Ruh'u güvercin ya da ateşle kıyaslayarak farklı şekillerde ifade eder; ayrıca O'ndan 'Tanrı'nın Oğlu'nun Ruhu' diye de söz edilir. Galatyalýlar 4:6 ayeti şöyle der: "Oğullar olduğunuz için Tanrı öz Oğlu`nun "Abba! Baba!" diye seslenen Ruhu`nu yüreklerinize gönderdi.'" Ayrıca Yuhanna 15:26 ayeti şöyle der: "Baba`dan size göndereceğim Yardımcı, yani Baba`dan çıkan Gerçeğin Ruhu geldiği zaman, bana tanıklık edecek."

Baba Tanrı, Oğul ve Kutsal Ruh, insanın yetiştirilme sürecinin takdiri ilahisini yerine getirmek için belli formlar almışlardır ve tüm planları birlikte tartışırlar. Yaratılış 1. bölümde yaratılışla ilgili bölümlerde bu betimlenmiştir.

Yaratılış 1:26 ayetinde, "Tanrı, "İnsanı kendi suretimizde, kendimize benzer yaratalım" dedi,'" yazılması, insanın salt Baba Tanrı'nın, Oğul'un ve Kutsal Ruh'un dış görünüşünde yaratıldığı anlamına gelmez. İnsanın temeli olan ruhun, Tanrı tarafından verildiği ve bu ruhun da kutsal Tanrı'ya benzediği anlamını taşır.

## Fiziksel ve Ruhsal Uzamlar

Tanrı bir başına var olduğunda, fiziki ve ruhani dünyalar arasında bir ayrım yapmasına gerek yoktu. Fakat insanın yetiştirilmesi için, içinde yaşayabilecekleri fiziki bir dünyaya ihtiyaçları vardı. Bu sebeple Tanrı, fiziki dünyayı ruhani dünyadan ayırdı.

Fakat ruhsal ve fiziksel dünyaları ayırmak, bir şeyi keserek ortadan ikiye ayırdığımız gibi uzamı tamamen iki farklı uzama bölmek anlamına gelmez. Örneğin bir odada iki farklı gazın olduğunu düşünün. Belli bir kimyasal eklediğimizde gazlardan biri kırmızıya dönüşerek diğerinden ayrılsın. Odada iki farklı gaz olmasına rağmen gözlerimiz sadece kırmızı olanı görebilir. Diğer gaz gözle görülemezdir ama kesinlikle oradadır.

Aynı şekilde Tanrı, engin ruhani uzamı, fiziki ve ruhani olarak ayırmıştır. Kuşkusuz ki ruhsal ve fiziksel dünyalar, örnekte verilen iki gaz gibi var değillerdir. Ayrı görünür ama birbirleriyle örtüşürler. Ve birbirleriyle örtüşür görünürken ayrıca ayrıdırlar.

Fiziksel ve ruhsal dünyaların ayrı ve gizemli bir şekilde var olduklarının kanıtı olarak Tanrı, evrenin farklı yerlerinde ana kapılar yerleştirmiştir. Ruhsal dünya, çok uzak bir yerlerde değildir. Gözle görülür göğün pek çok yerinde ana kapılar vardır. Tanrı, ruhani gözlerimizi açsaydı, belli durumlarda bu ana kapılar sayesinde ruhani dünyayı görebilirdik.

İstefanos ruhla dolu olduğunda ve Tanrı'nın sağında İsa'yı gördüğünde hem ruhani gözleri hem de ruhani dünyaya açılan ana kapılar açılmıştı (Elçilerin İşleri 7:55-56). İlyas ölümü görmeden göğe alındı. Dirilen Rab İsa göğe yükseldi. İsa'nın görünümünün değiştiği dağda Musa ve İlyas göründü. Ruhani dünyaya açılan ana kapılar olduğu gerçeğini tanırsak bu olayların nasıl gerçek olaylar olduğunu anlayabiliriz.

Evren muazzam bir genişliktedir ve hacimsel anlamda muhtemelen sonsuzdur. Yeryüzünden gözle görülebilen bölge (gözlemlenilen evren), 46 milyar ışık yılı yarıçapı olan bir alandır. Fiziki evrenin hemen sonunda ruhani dünya başlıyor olsaydı bile en hızlı uzay aracının oraya varması neredeyse sonsuz bir süre alırdı. Ruhsal ve fiziksel dünyalar arasında meleklerin seyahat etmesi gereken mesafeyi hayal edebiliyor musunuz? Ancak ruhani dünyaya açılan ve kapanan bu ana kapıların sayesinde bir kişi bir kapıdan geçiyormuş gibi kolayca ruhani ve fiziki dünyalar arasında seyahat edebilir.

## Tanrı Dört Göksek Kat Yaratmıştır

Tanrı evreni ruhani ve fiziki dünyalar olarak ayırdıktan sonra ihtiyaçlara göre de göksel katlara ayırmıştır. İncil, bir değil ama birçok göksel katlardan bahseder. Aslında bizlere, çıplak gözlerle göremediğimiz birçok başka göksel katlar olduğunu söylemektedir.

Yasa'nýn Tekrarý 10:14 ayeti şöyle der: "Gökler de, göklerin gökleri de, yeryüzü ve içindeki her şey Tanrınız RAB'bindir." Ve Mezmurlar 68:33 ayeti şöyle yazar: "Göklere, kadim göklere binmiş olanı. İşte sesiyle, güçlü sesiyle gürlüyor!" Ve Kral Süleyman, 1. Krallar 8:27 ayetinde şöyle demiştir: "Tanrı gerçekten yeryüzünde yaşar mı? Sen göklere, göklerin göklerine bile sığmazsın. Benim yaptığım bu tapınak ne ki!"

Tanrı, ruhani dünyayı ifade etmek için 'gök' kelimesini kullanmıştır ki, ruhani dünyaya ait uzamları daha kolayca anlayabilelim. 'Gökler' genel olarak dört kategoriye ayrılmıştır.

Dünyamızın, güneş sistemimizin, galaksimizin içinde olduğu tüm evren göğün birinci katıdır.

İkinci gökten itibaren ruhani uzamlar gelir. Aden Bahçesi ve kötü ruhlar göğün ikinci katında yer alır. Tanrı insanı yarattıktan sonra ayrıca göğün ikinci katında bir ışık alanı olan Aden Bahçesini yarattı. Tanrı bakması ve işlemesi için insanı bu bahçeye koydu (Yaratılış 2:15).

Tanrı'nın tahtı göğün üçüncü katındadır. İnsanın yetiştirilmesiyle kurtuluşu alan Tanrı çocuklarının yaşayacağı göksel egemenlik burasıdır.

Göğün dördüncü katı, Tanrı'nın uzamı ayırmadan önce bir Işık olarak var olduğu orijinal yerdir. Burası; Tanrı'nın aklından geçen her şeyin gerçekleştiği gizemli bir yerdir. Ayrıca zaman ve mekânın sınırlamalarının ötesinde bir alandır.

## 2. Fiziksel ve Ruhsal Uzamlar

Aden Bahçesi'ni bulmaya uğraşan birçok Kutsal Kitap araştırmacısının onu bulamamasının nedeni nedir? Çünkü Aden Bahçesi, ruhani dünyaya ait olan göğün ikinci katında bulunmaktadır.

Tanrı'nın ayırdığı alan fiziki ve ruhani uzamlar olarak ikiye ayrılır. İnsanın yetiştirilme süreciyle elde edeceği çocukları için Tanrı, göğün üçüncü katında göksel egemenliği yaratmış ve göğün birinci katına dünyayı yerleştirerek insanın yetiştirilme alanı kılmıştır.

Yaratılış kitabının birinci bölümü, altı günlük yaratılış sürecini anlatır. Tanrı en baştan tam ve yetkin bir dünya yaratmamıştır. Yer kabuğu hareketleri ve meteorolojik olaylar vesilesiyle ilk önce yerin ve göğün temelini atmıştır. Uzunca çabalar sarf etmiş ve sevgili gerçek çocuklarını elde edeceği dünyanın oluşumu esnasında yeryüzüne inmiştir.

Fetüsler, rahmin amniyotik suyunda güvenle büyür. Aynı şekilde yeryüzü oluştuğunda ve temelleri atıldığında, tüm dünya sularla kaplandı ve bu suların kökeni göğün üçüncü katıydı. Bu su sayesinde sonunda yeryüzünün toprağı tüm canlıların içinde yaşaması için elverişli bir hale geldi ve Tanrı yaratılışa başladı.

### İnsanın Yaratılışı İçin Yeryüzü, Fiziki Dünya

Tanrı, yaratılışın birinci günü "Işık olsun!" dediğinde Tanrı'nın tahtından ruhani bir ışık gelerek dünyayı kapladı. Bu ışıkla Tanrı'nın sonsuz gücü ve tanrısallığı tüm şeylerin içine nüksetti ve tüm şeyler doğanın kanunlarıyla kontrol edildi (Romalılar 1:20).

Tanrı ışık ve karanlığı birbirinden ayırdı; ışığa 'gündüz', karanlığa ise 'gece' dedi. Tanrı ay ile güneşi bile yaratmadan önce gece ve gündüzü, zamanın akışını yasaya bağladı.

İkinci gün Tanrı kubbeyi yarattı ve kubbenin altındaki suları üstündeki sulardan ayırdı. Tanrı, çıplak gözlerimizle görebileceğimiz bu kubbeye 'gök' adını verdi. Artık tüm yaşayan canlıları destekleyen temel çevre yaratılmıştı. Hava, canlılar nefes alsın diye yaratıldı. Meteorolojik olayların gerçekleşeceği bulutlar ve gökyüzü yaratıldı.

Kubbenin altındaki sular, yeryüzünün yüzeyini kaplayan sulardır. Okyanusları, denizleri, gölleri ve nehirleri oluşturan suların kaynağıdır (Yaratılış 1:9-10).

Kubbenin üzerindeki sular, göğün ikinci katında yer alan

Aden için ayrılmıştır. Üçüncü gün Tanrı, kuru toprak görünsün diye suları bir yerde topladı ve ayrıca otları ve bitkileri yarattı.

Dördüncü gün Tanrı, gece ile gündüzü ayırsınlar diye güneşi, ayı ve yıldızları yarattı. Beşinci gün balıkları ve kuşları yarattı. Ve sonunda altıncı gün, tüm hayvanları ve insanı yarattı.

## Gözle Görülmez Ruhani Uzam

Aden Bahçesi, göğün ikinci katında yer alan ruhani bir dünyadır ama göğün üçüncü katından farklıdır. Fiziki boyutla bir arada var olduğu için tam anlamıyla ruhani bir dünya olduğu söylenemez. En basitiyle; benlikle ruh arasında bir ara safha gibidir. Tanrı insanı yaşayan bir ruh olarak yarattıktan sonra doğu'da Aden'de bir bahçe dikti ve insanı bu bahçeye koydu (Yaratılış 2:8).

Burada geçen 'doğu' fiziki anlamda doğuyu ifade etmez; 'ışıklarla çevrilmiş alan' anlamına gelen özel bir anlamı vardır. Bu güne kadar Kutsal Kitap araştırmacıları Aden Bahçesi'nin Dicle ile Fırat arasında bir yerde olduğunu düşündüler ve yoğun araştırmalarla arkeolojik çalışmalar yapmalarına rağmen Bahçe'nin hiçbir izine rastlamadılar. Çünkü 'yaşayan ruh' olarak Âdem'in yaşadığı Bahçe, ruhani dünyanın içinde yer alan göğün ikinci katındadır.

Aden Bahçesi, hayal dahi edemeyeceğimiz genişlikte bir yerdir. Âdem'in günah işlemeden evvel sahip olduğu çocukları orada yaşamıştır. Aden Bahçesi sınırsız bir alandır ve dolayısıyla zamanın geçmesiyle asla kalabalıklaşmaz.

Fakat Yaratılış 3:24 ayetinde, Tanrı'nın Aden bahçesinin doğusuna Keruvları ve her yana dönen alevli bir kılıcı yerleştirdiğini okuruz. Bunun nedeni, Aden Bahçesi'nin doğusunun, karanlık alana bitişik olmasıdır. Kötü ruhlar her zaman birçok sebeple bahçeye girmeyi istemişlerdir. İlk olarak Âdem'in aklını çelmeyi, ikinci olarak da yaşam ağacının meyvesini almayı istemişlerdir. Meyveyi yiyerek sonsuz yaşama sahip olmayı ve sonsuza dek Tanrı'ya karşı gelmeyi istemişlerdir. Âdem'in görevi, karanlık güçlerden Aden Bahçesini korumaktı. Fakat iyilikle kötülüğün bilgisini taşıyan ağacın meyvesinden yemek üzere Şeytan tarafından kandırıldığından ve bu dünyaya atıldığından, onun görevini Keruvlar ve her yöne dönen kılıç üstlendi.

Aden Bahçesinin yer aldığı ışıklı bölgeyle kötü ruhların yer aldığı karanlık bölgenin bir arada göğün ikinci katında var olduğu sonucunu çıkarabiliriz. Dahası göğün ikinci katında yer alan bu ışıklı alanda, inanlılar, Rab'bin ikinci gelişinden sonra gerçekleşecek yedi yıllık düğün şölenini yapacaklardır. Burası Aden Bahçesi'nden çok daha güzel bir yerdir.

Dünyanın yaratılışından bu yana kurtulanların hepsi bu şölene katılacaktır; dolayısıyla ne kadar geniş bir alan olduğu hayallerde canlandırılabilir.

Ruhani dünyada ayrıca üçüncü ve dördüncü katlar vardır ve bunlarla ilgili daha detaylı bilgi Ruh, Can ve Beden adlı kitabın ikinci cildinde verilecektir. Tanrı'nın ruhani ve fiziki dünyaları ayırmasının ve onları farklı alanlar olarak sınıflandırmasının nedeni, biz insanlar içindir. Gerçek çocukları kazanmak için insanın yetiştirilmesinin takdiri ilahisiyle yapılmıştır. Öyleyse insan nelerden ve nasıl meydana gelir?

## 3. Ruh, Can ve Bedenden İnsan

Kutsal Kitap'a göre insanın tarihi, Âdem'in günah işleyip bu dünyaya atılmasıyla başladı. Tarih; Âdem'in Aden Bahçesi'nde yaşadığı zamanı kapsamaz.

### 1) Yaşayan Ruh Âdem

İlk insan Âdem'i anlamak, insanın temelini anlamanın başlangıcıdır. Tanrı, insanın yetiştirilmesi için yaşayan bir ruh olarak yarattı. Yaratılış 2:7 ayeti Âdem'in yaratılışını anlatır: "RAB Tanrı Âdem'i topraktan Yarattı ve burnuna yaşam soluğunu üfledi. Böylece Adem yaşayan varlık oldu."

Âdem'i yaratmak için Tanrı'nın kullandığı malzeme topraktı. Âdem'den topraktan yaratıldı. Çünkü insanın yetiştirilme süreci bu dünyada meydana gelecekti (Yaratılış 3:23). Ayrıca yeryüzü toprağının karakteri, içine katılan öğelerle değişir. Tanrı sadece toprakla insana biçim vermedi ama onun tüm organlarını, kemiklerini, damar ve sinirlerini topraktan yarattı. Becerikli bir çömlekçi, iyi kilden değerli bir porselen ortaya çıkaracaktır. Tanrı'nın suretinde yaratılan insan ne güzeldir! Âdem, süt gibi beyaz bir tenle yaratıldı. Sağlam yapılıydı ve tepeden tırnağa tüm hücrelerine kadar mükemmel bir bedene sahipti ve güzeldi. Tanrı, yaşam nefesini üfledikten sonra Âdem yaşayan bir varlık – yaşayan ruh- oldu. Süreç; iyi monte edilmiş bir ampulün bir başına aydınlanamamasına benzer. Ampul ışığını ancak elektrik tedarik edilirse verilir. Âdem'in kalbi atmaya, kanı deveran etmeye, tüm organları ve hücreleri işlemeye ancak Tanrı yaşam nefesini üfledikten sonra başladı. Beyni işlemeye, gözleri görmeye, kulakları duymaya ve bedeni dilediği gibi hareket etmeye ancak yaşam nefesini aldıktan sonra başladı.

Yaşam nefesi, Tanrı'nın gücünün kristal halidir. Ona ayrıca Tanrı'nın enerjisi de denir. En basitiyle bir yaşamın sürdürülmesi için güç kaynağıdır. Tanrı Âdem'e yaşam nefesin üfledikten sonra Âdem, tıpkı bedenine benzeyen ruhunun biçimine sahip oldu. Nasıl ki fiziki bedeni için bir şekle sahip olduysa, ruhu da fiziki bedenine benzeyen bir şekle sahip oldu. Ruhun şekliyle ilgili daha detaylı bilgiler bu kitabın ikinci cildinde açıklanmıştır. Artık yaşayan bir ruh olan Âdem'in bedeni, bozulmayan et ve kemiklerden oluşan bir bedene sahipti. Bedeni Tanrı'yla iletişim kuran ruhunu barındırıyor, canı ise ruhuna yardım ediyordu. Can ve beden ruha itaat ediyordu; bu şekilde Tanrı'nın sözünü tutuyor, ruh olan Tanrı'yla iletişim kuruyordu.

Âdem ilk yaratıldığından bir yetişkinin bedeniyle yaratıldı ama hiçbir bilgiye sahip değildi. Nasıl ki bir bebek toplum içersinde ancak eğitimle düzgün karaktere ve üretken bir role sahip olabiliyorsa, Âdem'de uygun bilgiyi edinmek zorundaydı. Dolayısıyla Âdem'i Aden Bahçesi'ne yerleştirdikten sonra Tanrı ona gerçeğin ve ruhun bilgisini öğretti. Tanrı ona evrendeki tüm şeylerin ahengini, ruhani dünyanın yasalarını, gerçeğin sözünü ve Tanrı'nın sınırsız bilgisini öğretti. Bu yüzden Âdem yeryüzünü ve her şeyi kontrol edebildi.

## Hesap Edilemez Sürelik Yaşamı

Ruhun bilgisine ve hikmetine yaşayan bir ruh olarak sahip olan Âdem, Aden Bahçesi'ni ve yeryüzünü, tüm yaratılmışların efendisi olarak yönetti. Tanrı onun yalnız kalmasının iyi olmayacağını düşündü ve Âdem'in kaburga kemiklerinden Havva'yı yarattı. Tanrı Havva'yı Âdem'e uygun bir yardımcı olarak yarattı ve onların tek bir beden olmasına izin verdi. Öyleyse soru, onların Aden Bahçesi'nde nasıl yaşadıklarıdır? Kutsal Kitap belli bir rakamı telaffuz etmez ama her ikisi de orada hayal dahi edilemez bir süre yaşadılar. Ancak Yaratılış 3:16 ayetinde şu sözleri okuruz: "RAB Tanrı kadına, "Çocuk doğururken sana Çok acı çektireceğim" dedi, "Ağrı çekerek doğum yapacaksın. Kocana istek duyacaksın, Seni o yönetecek.'"

Havva, işlediği günah yüzünden lanetlendi ve bu, çocuk doğumunda çekilen acıyı katladı. Diğer bir deyişle, lanetlenmeden önce Aden Bahçesi'nde doğum yapmıştı ama bu daha az acılıydı. Âdem ile Havva asla yaşlanmayan yaşayan ruhlardı. Dolayısıyla çoğalarak uzun ama çok uzun bir zaman yaşadılar.

Pek çok insan Âdem'in yaratıldıktan hemen sonra iyilikle kötülüğün bilgisini taşıyan ağacın meyvesinden yediğini düşünür. Hatta bazıları şu soruyu bile sorar: "Kutsal Kitap'ta geçen insanlık tarihi 6000 yıl olduğuna göre nasıl olurda binlerce yıllık fosiller buluyoruz?"

Kutsal Kitap'ta geçen insanlık tarihi, Âdem'in günah işledikten sonra yeryüzüne atılmasıyla başlar. Aden Bahçesi'nde yaşadığı süreyi içermez. Aden Bahçesi'nde yaşarken, yer kabuğu hareketleriyle alakalı coğrafi değişimler, çeşitli canlıların türemesi ve yok olması gibi pek çok şey dünyada meydana geliyordu.

Bunlardan bazıları fosilleştiler. Bu sebeple milyonlarca yıllık fosilleri bulabiliriz.

## 2) Âdem'in Günah İşlemesi

Tanrı Âdem'i Aden Bahçesi'ne yerleştirdiğinde, ona bir şeyi yasakladı; iyilikle kötülüğün bilgisini taşıyan ağaçtan yememesini söyledi. Fakat uzunca bir zaman geçtikten sonra Âdem ile Havva sonunda ağacın meyvesinden yedi. Aden Bahçesi'nden kovulup dünyaya atıldılar ve o andan itibaren insanın yetiştirilme süreci başladı.

Âdem nasıl günah işledi? Âdem'in Tanrı'dan aldığı yetkinlikten sonra bir varlık çıktı. Bu varlık, tüm kötü ruhların başı olan Lusifer'di. Lusifer, Tanrı'ya karşı gelmek ve savaşı kazanmak için Âdem'e verilen yetkiyi alması gerektiğini düşündü. Ayrıntılı bir plan yaptı ve kurnaz olan yılanı kullandı.

Yaratılış 3:1 ayetinde, "RAB Tanrı'nın yarattığı yabanıl hayvanların en kurnazı yılandı." yazıldığı gibi, içinde kurnazlığın özellikleri olan kilden yaratılmıştı yılan.

Bu yüzden diğer hayvanlara nazaran kötülüğe onay verme olasılığı daha yüksekti. Onun bu özellikleri kötü ruhlar tarafından kışkırtıldı ve yılan, kötü ruhların insanın aklını çelmesi için bir araca dönüştü.

27

## Kötü Ruhlar İnsanın Aklını Her Zaman Çeler

O zamanlar Âdem, Aden Bahçesi ve yeryüzünü yönetmek için büyük bir yetkinliğe sahipti. Bu sebeple yılanın Âdem'in aklını doğrudan çelmesi kolay değildi. Dolayısıyla önce Havva'nın aklını çelmesi gerekti. Yılan ona kurnazca yaklaştı: "Tanrı gerçekten, `Bahçedeki ağaçların hiçbirinin meyvesini yemeyin` dedi mi?" diye sordu.?" (a. 1) Tanrı, Havva'ya asla bir şey buyurmamıştı. Buyruk Âdem'e verilmişti. Ama yılan, buyruk sanki doğrudan Havva'ya verilmiş gibi soruyordu. Havva şöyle yanıt verdi: "Bahçedeki ağaçların meyvelerinden yiyebiliriz. Ama Tanrı, `Bahçenin ortasındaki ağacın meyvesini yemeyin, ona dokunmayın; yoksa ölürsünüz` dedi. (Yaratılış 3:2-3).

Tanrı şöyle demiştir: "...Çünkü ondan yediğin gün kesinlikle ölürsün" (Yaratılış 2:17). Fakat Havva'nın yanıtı, "yoksa ölürsünüz" olmuştur. Arada çok ufak bir fark olduğunu düşünebilirsiniz ama bu, Tanrı'nın sözünü aklında doğru bir şekilde tutmadığını kanıtlar. Ayrıca Tanrı'nın sözüne tam anlamıyla inanmadığını da ifade eder. Havva'nın Tanrı'nın sözünü değiştirdiğini gören yılan, onun aklını çelmek için daha da saldırganlaşır.

Yaratılış 3:4-5 ayetleri şöyle der:"Yılan, "Kesinlikle ölmezsiniz" dedi, Çünkü Tanrı biliyor ki, o ağacın meyvesini yediğinizde gözleriniz açılacak, iyiyle kötüyü bilerek Tanrı gibi olacaksınız.'"

Havva'nın aklına arzuyu yerleştirmek için Şeytan yılanı kızıştırdıkça, iyilik kötülüğün bilgisini taşıyan ağaçta Havva'ya farklı görünmeye başladı: "Kadın ağacın güzel, meyvesinin yemek için uygun ve bilgelik kazanmak için çekici olduğunu gördü" (a. 6). Havva'nın Tanrı'nın sözüne karşı gelmek gibi bir niyeti asla olmadı ama arzuya gebe kalınınca sonunda ağaçtan yedi. Meyveyi kocası Âdem'e de verdi ve Âdem'de onu yedi.

### Âdem'le Havva'nın Özürleri

Yaratılış 3:11 ayetinde Tanrı Âdem'e şöyle sordu: "Sana meyvesini yeme dediğim ağaçtan mı yedin?" Tanrı neler olduğunu biliyordu ama Âdem'in hatasını kabul edip tövbe etmesini istedi. Fakat Âdem'in yanıtı şu oldu: "Yanıma koyduğun kadın ağacın meyvesini bana verdi, ben de yedim" (a. 12) Âdem, Tanrı kadını yanına koymasaydı böyle bir şeyi kendisinin yapmayacağını ima etmektedir. Kendi hatasını görmek yerine durumun sonuçlarından kaçmayı ister. Elbette ki Havva, Âdem'e yemesi için meyveyi veren kişiydi. Fakat Âdem kadının başıydı, dolayısıyla olanların sorumluluğunu üstlenmeliydi.

Tanrı, Yaratılış 3:13 ayetinde kadına şu soruyu sorar: "Nedir bu yaptığın?" Âdem sorumluluğu üzerine alsaydı bile işlenen günahtan Havva ayrı tutulamazdı. Ama o da, "Yılan beni aldattı, o yüzden yedim." diyerek suçu yılana attı. Peki, bu günahları işleyen Âdem'le Havva'ya ne oldu?

## Âdem'in Ruhunun Ölümü

Yaratılış 2:17 şöyle der: "Ama iyiyle kötüyü bilme ağacından yeme. Çünkü ondan yediğin gün kesinlikle ölürsün." Burada Tanrı'nın 'ölürsün' sözü fiziki değil ama ruhani ölümü kasteder. Bir kişinin ruhunun ölümü, ruhun tamamen yok olduğu anlamına gelmez; Tanrı'yla iletişimin kesildiği ve bir daha işlevini yerine getiremeyeceği anlamına gelir. Ruh hala vardır ama artık Tanrı'dan gelen ruhani şeylerle olmaz. Bu durumun ölü olmaktan bir farkı yoktur.

Âdem'le Havva'nın ruhları öldüğünden artık Tanrı, ruhani dünyanın içersinde yer alan Aden Bahçesi'nde kalmalarına izin veremezdi. Yaratılış 3:22-23 ayetleri şöyle der: "Sonra, "Adem iyiyle kötüyü bilmekle bizlerden biri gibi oldu" dedi, "Artık yaşam ağacına uzanıp meyve almasına, yiyip ölümsüz olmasına izin verilmemeli—Böylece RAB Tanrı, yaratılmış olduğu toprağı işlemek üzere Adem`i Aden bahçesinden çıkardı."

Tanrı, "...bizlerden biri oldu" demiştir ama bu, Âdem'in aslında Tanrı gibi olduğu anlamına gelmez. Âdem sadece gerçeği biliyordu; oysa Tanrı hem gerçeği hem de gerçek dışını biliyordu. Ve Âdem'de gerçekdışının ne olduğunu böylece öğrenmiş oldu.

Bunun sonucunda bir zamanlar yaşayan bir ruh olan Âdem artık benliğe dönüştü. Tanrı tarafından yaratıldığı bu dünyaya geri dönmek zorunda kaldı. Benliğin insanı, ruhani bir uzamda yaşayamaz. Ayrıca eğer yaşam ağacından yemiş olsaydı, Âdem sonsuza kadar yaşayabilecekti. Bu yüzden Tanrı, onun daha fazla Aden Bahçesi'nde kalmasına izin veremezdi.

3) Fiziki Uzama Dönüş

Tanrı'ya itaatsizlik ettikten ve iyilikle kötülüğün bilgisini taşıyan ağaçtan yedikten sonra her şey değişti. Fiziki bir uzam olan dünyaya atıldı ve ancak yaşam boyu emek vererek yiyeceğini kazanabilirdi. Her şey ayrıca lanetlendi ve Tanrı'nın yaratışı esnasındaki o iyi ortamlar artık yoktu.

Yaratılış 3:17 ayeti şöyle der: "RAB Tanrı Âdem'e, "Karının sözünü dinlediğin ve sana, Meyvesini yeme dediğim ağaçtan yediğin için Toprak senin yüzünden lanetlendi" dedi, "Yaşam boyu emek vermeden yiyecek bulamayacaksın."

Bu ayetten anlıyoruz ki, Âdem'in günahıyla sadece Âdem değil ama göğün ilk katı ve o katında yer alan tüm yeryüzü lanetlenmiştir. Yeryüzündeki tüm şeyler güzel bir ahenk içindeydi ama başka bir fiziki yasa getirilmiş oldu. Lanetten dolayı mikrop ve virüsler yaratıldı ve hayvanlarla bitkiler değişmeye başladı.

Yaratılış 3:18 ayetinde Tanrı şu sözlerle devam etmiştir: "Toprak sana diken ve çalı verecek," Diken ve çalı yüzünden tohumlar iyi büyüyemezler; bu yüzden Âdem ancak emek vererek yiyeceğini çıkarabilirdi. Toprakta lanetlenmiş olduğundan gereksiz ağaçlar ve bitkiler üremeye başladı. Zararlı böcekler oluştu. Toprağı yetiştirilecek iyi bir tarlaya dönüştürmek için artık Âdem'in tüm bu zararlı şeyleri atması gerekiyordu.

## Yüreği Yetiştirmeye Olan İhtiyaç

Nasıl ki Âdem toprağı yetiştirmek zorunda kalsaydı, benzer bir durumda artık yeryüzünde insanın yetiştirilme sürecinden geçmek zorunda kalan insanın başına geldi. İnsan günah işlemeden evvel temizdi ve sadece ruhun bilgisine sahip lekesiz bir yüreğe sahipti. Yaratılış 3:23 ayeti şöyle der: "Böylece RAB Tanrı, yaratılmış olduğu toprağı işlemek üzere Âdem'i Aden bahçesinden çıkardı." Bu ayet; topraktan yaratılan Âdem'i yaratılmış olduğu o toprağa benzetir. Artık yüreğini yetiştirmek zorunda olduğu anlamına gelir.

Günahtan önce yüreğini yetiştirmesi gerekmiyordu çünkü yüreğinde hiçbir kötülük yoktu.

Fakat itaatsizliğinden sonra düşman iblis ve Şeytan insanı kontrol etmeye başladı. Ve gün geçtikçe daha fazla benliğe ait şeyleri insanın yüreğine ektiler. Nefret, öfke, kibir, zina vb. gibi şeyler insanın yüreğine ekildi. Tüm bu şeyler, yürekteki diken ve çalılarla birlikte büyümeye başladı. İnsan ırkı daha fazla benlikle lekelendi. 'Yaratılmış olduğu toprağı işlemek üzere' cümlesi, İsa Mesih'e iman etmemiz gerektiği anlamına gelir. Yüreklerimize ekilen benliği söküp atmak için Tanrı'nın Sözünü kullanmalı ve ruhsallığı geri kazanmalıyız. Aksi takdirde 'ölü bir Ruha' sahibiz demektir; ölü bir ruhla sonsuz yaşamın tadına varamayız ve varamayacağız. İnsanın yeryüzünde yetiştirilmesinin sebebi, temiz ve ruhani yüreği geri kazanması için benliğe ait yüreğini yetiştirmesi içindir. Bu, Âdem'in günah işlemeden evvel sahip olduğu yürekle aynıdır.

Âdem'in Aden Bahçesi'nden atılması ve yeryüzünde yaşaması muazzam bir değişimdi. Bu, büyük bir ulusun prensinin aniden köylü olmasından çok daha büyük bir acı ve şaşkınlıktır. Ayrıca Havva'da doğum esnasında çok daha büyük acı çekmek zorunda kalmıştır.

Aden Bahçesi'nde yaşıyorlarken hiç ölüm yoktu. Fakat bozulacak ve çürüyecek olan bu fiziki dünyada artık ölümle yüzleşmek zorundaydılar. Yaratılış 3:19 ayeti şöyle der: "Toprağa dönünceye dek Ekmeğini alın teri dökerek kazanacaksın. Çünkü topraksın, topraktan yaratıldın Ve yine toprağa döneceksin." Yazılmış olduğu gibi artık ölmek zorunda kaldılar.

Kuşkusuz ki Âdem'in yüreği Tanrı'dan gelmiştir ve asla tamamen yok olamaz. Yaratılış 2:7 ayeti şöyle der: "RAB Tanrı Âdem'i topraktan Yarattı ve burnuna yaşam soluğunu üfledi. Böylece Âdem yaşayan varlık oldu." Yaşam nefesi, Tanrı'nın ebedi niteliklerine sahiptir.

Fakat Âdem'in yüreği artık faal değildi. Böylece insanın efendisi görevini can üstlendi ve beden üzerinde kontrol sahibi oldu. O zamandan itibaren fiziki dünyanın düzenine göre Âdem yaşlanmak ve ölmek zorunda kaldı.

O vakitler dünya lanetlenmiş olmasına rağmen günah ve kötülük günümüzde olduğu gibi yaygın değildi ve Âdem 930 yaşına kadar yaşadı (Yaratılış 5:5).

Fakat zamanla insanlar daha fazla kötüleştiler. Bunun sonucunda yaşam süreleri azaldı. Aden Bahçesi'nden yeryüzüne atıldıktan sonra Âdem ve Havva, yeni ortama uyum sağlamak zorunda kaldılar. Her şeyin ötesinde yaşayan ruh olarak değil ama benliğin insanları olarak yaşamak zorunda kaldılar. Çalıştıktan sonra yorulduklarından dinlendiler. Hastalık kaparak rahatsızlandılar. Yedikleri değiştiğinden sindirim sistemleri değişti. Yemek yedikten sonra bağırsakları çalışmak zorunda kaldı. Her şey değişti. Âdem'in itaatsizliği hiçbir suretle küçük bir şey değildi; günah tüm insanlığa geldi. Âdem'le Havva ve onların yeryüzündeki tüm torunları, ölü ruhlarıyla fiziki yaşamlarına başladılar.

## 3. Bölüm
# Fiziksel Uzamdaki İnsan

Benlik, günahla birleşen bir yapıdır
ve böylece insanlar,
fiziksel uzamda günah işlemeye yatkın olurlar.
Fakat insanların çekirdeği
Tanrı'nın bahşettiği yaşam tohumunda yer alır.
Ve bu yaşam tohumuyla,
İnsanın yetiştirilme süreci yürütülür.

1. Yaşam Tohumu

2. İnsan Nasıl Var oldu?

3. Vicdan

4. Benliğin İşleri

5. Yetiştirilme

Âdem'le Havva'nın yeryüzünde pek çok çocuğu oldu. Ruhları ölmüş olsa da Tanrı onları terk etmedi. Onlara, yeryüzü yaşamlarında gerekli olan şeyleri öğretti. Âdem çocuklarına gerçeği öğretti; dolayısıyla Habil'le Kayin, Tanrı'ya sunu vermeleri gerektiğini gayet iyi biliyorlardı.

Bir zaman Kayin, toprağın ürünlerinden Tanrı'ya sunu getirdi ama Habil, Tanrı'nın arzuladığı kan sunusu verdi. Tanrı sadece Habil'in sunusunu kabul ettiğinde hatasını anlamak ve tövbe etmek yerine, Kayin o kadar kıskandı ki, kardeşini öldürdü.

Zaman geçtikçe günah gittikçe yaygınlaştı ve Nuh'un zamanında dünya insanın şiddetiyle öylesine dolup taştı ki, Tanrı sonunda tüm dünyayı suyla cezalandırdı. Fakat Nuh ve üç oğlunun tamamen yeni bir ırkın ataları olmalarına izin verdi. Peki, yaşamak için yeryüzüne gelen insan ırkına ne oldu?

## 1. Yaşam Tohumu

Günah işledikten sonra Âdem'in Tanrı'yla olan iletişimi kesildi. Ruhani enerjisi akıp gitti ve benliğin enerjisi gelerek Âdem'deki yaşam tohumunun üzerini örttü. Tanrı, Âdem'i topraktan yaratmıştı. İbranicede 'Adamah' toprak anlamına gelir. Tanrı, kilden insana biçim verdi ve ona yaşam nefesini üfledi. Yeşaya kitabı da insanın 'kilden yaratıldığını' yazar.

Yeşaya 64:8 ayetinde şöyle yazılmıştır:"Yine de Babamız sensin, ya RAB, Biz kiliz, sen çömlekçisin. Hepimiz senin ellerinin eseriyiz."

Bu kiliseyi kurduktan kısa bir zaman sonra, Tanrı, Âdem'e kilden şekil verdiği bir görümü bana bahşetti. Tanrı'nın kullandığı malzeme, kil olan suyla karışmış topraktı. Burada geçen suyla kastedilen Tanrı'nın sözüdür (Yuhanna 4:14). Toprakla suyun karışımına yaşam nefesi üflediğinde, yaşam olan kan deveran etmeye başladı ve yaşayan bir varlığa dönüştü (Levililer 17:14).

Yaşam nefesinin içinde Tanrı'nın gücü mevcuttur. Tanrı'dan geldiği içinde asla yok olamaz. Kutsal Kitap, Âdem'in insan

## Bedenin Oluşumu

olduğunu değil ama yaşayan bir varlık olduğunu söyler. Bu, Âdem'in yaşayan bir ruh olduğunu söylemektir. Topraktan yaratılmış olsa da yaşam nefesiyle sonsuza kadar yaşayabilirdi. İşte bundan da Yuhanna 10:34-35 ayetlerinde söylenilenlerin anlamını anlayabiliriz: "İsa şu karşılığı verdi: "Yasanızda, ` Siz ilahlarsınız, dedim` diye yazılı değil mi? Tanrı, kendilerine sözünü gönderdiği kimseleri ilahlar diye adlandırır. Kutsal Yazı da geçerliliğini yitirmez.'"

Başlangıçta insan, yaratılmış olarak fiziki ölümü görmeden sonsuza dek yaşayabilirdi. İtaatsizliği yüzünden Âdem'in ruhu ölmüş de olsa, onun ruhunun çekirdeğinde Tanrı tarafından bahşedilen yaşam tohumu vardır. O sonsuzdur ve onunla herkes Tanrı'nın bir çocuğu olarak yeniden doğabilir.

### Herkese Verilen Yaşam Tohumu

Tanrı Âdem'i yarattığında onun içine söndürülemez yaşam tohumunu ekti. Yaşam tohumu, Tanrı tarafından ekilen Âdem'in ruhunun çekirdeğinin orijinal tohumudur. Ruhun orijinalidir; Tanrı'nın üzerinde tefekkür etmemiz ve insanın görevini tutmamız için gereken gücün kaynağıdır.

Hamileliğin altıncı ayında Tanrı, ruhla birlikte yaşam tohumunu embriyoya gönderir. Bu tohumun içinde Tanrı'nın yüreği ve gücü bulunur ki insanlar Tanrı'yla iletişim kurabilsinler. Tanrı'nın varlığını kabul etmeyen insanların çoğu, ölümden sonraki yaşam için korku ve endişe duyar ya da yüreklerinin derinliklerindeki Tanrı'yı tam anlamıyla yadsıyamazlar çünkü yüreklerinin derinliklerinde yaşam tohumu mevcuttur.

Piramitler diğer kalıntılar, insanların sonsuz yaşam ve sonsuz istirahatgah umutları üzerine düşüncelerini içerir. Hatta en cesur insanlar bile ölümden korkarlar çünkü onların içindeki yaşam tohumu, gelecek yaşamı bilir.

Herkes, Tanrı tarafından bahşedilen yaşam tohumuna sahiptir ve kendi doğasında Tanrı'yı arar (Vaiz 3:11). Yaşam tohumu, insanın yüreği gibi hareket eder ve bu yüzden doğrudan ruhani yaşamla bağlantılıdır. Yüreğin fonksiyonları sayesinde kan, vücuda oksijen ve besin maddeleri tedarik etmek için deveran eder. Aynı şekilde eğer bir insanda yaşam tohumu aktive olursa, ruhu da harekete geçecek ve Tanrı'yla iletişim kurabilecektir. Diğer yandan eğer ruhu ölüyse, yaşam tohumu aktif olmaz ve o kişi doğrudan Tanrı'yla iletişim kuramaz.

### Yaşam Tohumu Yüreğin Çekirdeğidir

Âdem, Tanrı tarafından öğretilen gerçeğin bilgisiyle

dopdoluydu. Ondaki yaşam tohumu tamamen aktifti. Ruhani enerjiyle doluydu. Öylesine bilgeydi ki, tüm yaşayan canlılara adlarını koydu ve onların efendisi olarak üzerlerinde hâkim oldu. Fakat günah işledikten sonra Tanrı'yla olan iletişimi kesildi. Ruhani enerjisi ayrıca sızmaya başladı ve yüreğinde ruhani enerjinin yerini benliğin enerjisi aldı. Ve benliğin enerjisi, yaşam tohumunun üzerini kapladı. O andan itibaren yaşam tohumu giderecek ışığını kaybetmeye başladı ve sonunda tamamen etkisizleşti.

Nasıl ki kalp durduğunda insanın yaşamı sonlanıyorsa, yaşam tohumu etkisizleştiğinde Âdem'in de ruhu öldü. Âdem'in ruhunun ölmesi, yaşam tohumunun faaliyetlerinin tamamen durduğu anlamına gelir; dolayısıyla tohumun ölüden farkı yoktur. Bu sebeple fiziki uzamda doğan herkes, tamamen etkisiz bir yaşam tohumuyla doğar.

Âdem'in günahından beri insanlar ölümden kaçamazlar. Onların yeniden sonsuz yaşamı kazanması için Işık olan Tanrı'nın yardımıyla günah sorununu çözmeleri gerekmektedir. Kısaca İsa Mesih'e iman etmek ve günahlarından bağışlanmak zorundadırlar. Ruhlarımızın dirilmesi için İsa, tüm insanlığın günahlarını sırtlanarak çarmıhta öldü. İnsanın sonsuz yaşamı elde edebileceği yol, gerçek ve yaşam oldu. İsa'ya Kurtarıcımız olan iman ettiğimizde, günahlarımızdan bağışlanır ve Kutsal Ruh'u alarak Tanrı'nın çocukları olabiliriz.

Kutsal Kitap, içimizdeki yaşam tohumunu aktive eder. Bu, içimizdeki ölü ruhun dirilmesidir. O andan itibaren ışığını kaybeden yaşam tohumu yeniden parlamaya başlar. Kuşkusuz ki Âdem'de olduğu gibi tam kapasitede parlamaz ama ışığın yoğunluğu, kişinin imanının ölçüsü arttıkça güçlenir ve ruhu gelişip olgunlaşır.

Yaşam tohumu ne kadar Kutsal Ruh'la dolarsa, yaydığı ışıkta o kadar güçlenir; ruhani bedenden gelen ışıkta güçlenir. Bir kişi kendini gerçeğin bilgisiyle doldurduğu ölçüde Tanrı'nın kaybolan suretini geri kazanabilir ve Tanrı'nın gerçek bir çocuğu olabilir.

## Yaşamın Fiziki Tohumu

Ruhun çekirdeği gibi olan ruhsal yaşam tohumuna ek olarak fiziksel yaşam tohumu da vardır. Bundan kasıt sperm ve yumurtadır. Tanrı, gerçek sevgisini paylaşabileceği gerçek çocuklarını kazanmak için insanın yetiştirilmesi planını yaptı. Ve planı yürütmek için insana yaşam tohumunu verdi ki çoğalıp yeryüzünü doldursunlar. Tanrı'nın bulduğu ruhani uzam sınırsızdır ve çevrede hiç kimse olmadığından ıssız ve boştu.

İşte bu yüzden Tanrı, yaşayan bir ruh olarak Âdem'i yarattı ve nesilden nesle çoğalmasını sağladı ki pek çocuğu olsun.

Tanrı'nın istediği çocuk, ölü ruhu dirilerek Tanrı'yla iletişim kurabilen ve göksel egemenlikte sonsuza dek Tanrı'yla sevgiyi paylaşabilecek çocuktur. Böylesi gerçek çocukları kazanmak için Tanrı herkese yaşam tohumunu verir ve Âdem'in zamanından beri insanın yetiştirilme süresini yürütmektedir. Davut, bu sevgiyi ve Tanrı'nın planını kavramış ve şöyle demiştir: "Sana övgüler sunarım, Çünkü müthiş ve harika yaratılmışım. Ne harika işlerin var! Bunu çok iyi bilirim." (Mezmurlar 139:14).

## 2. İnsan Nasıl Var oldu?

Bir insan başka bir insandan klonlanamaz. Bir insanın dış görünüşünü kopyalayacak olsalar bile ruhu olmadığı için insan sayılmaz. Klonlanmış bir varlığın bir hayvandan hiçbir farkı olmaz.

Erkeğin spermiyle kadının yumurtasının birleşiminden yeni bir yaşama gebe kalınır. Tam bir insan şekline bürünene kadar fetüs dokuz ay boyunca ana rahminde kalır. Gebe kalındıktan hamileliğin sonlandığı ana kadar ki gelişim sürecini düşündüğümüzde Tanrı'nın gizemli gücünü duyumsayabiliriz.

43

İlk ayda sinir sistemi gelişmeye başlar. Temel iş yapılır ki, kan, kemikleri damarlar ve iç organlar oluşsun. İkinci ay kalp atmaya başlar ve insanın kabaca dış görünüşü oluşur. Aynı zamanda baş, kol ve bacaklar görülebilir. Üçüncü ayda yüz oluşur. Başını, bedenini, kol ve bacaklarını bir başına hareket ettirebilir; ayrıca cinsel organlar oluşur.

Dördüncü aydan itibaren plasenta tamamlanmıştır; böylece besin maddeleri, fetüsün boyu ve kilosu da hızla artar. Bedeni ve yaşamı destekleyen tüm organlar normal olarak işlevlerini görürler. Beşinci aydan itibaren kaslar, duyma yetisi gelişir ve sesleri duyabilir. Altıncı ayda sindirim organları gelişir ve böylece gelişim daha da hızlanır. Yedinci ayda kafanın üzerinde saç çıkmaya başlar ve akciğerlerin gelişimiyle nefes almaya başlar.

Sekizinci ayda cinsel organlar ve duyma yetisi tamamlanmıştır. Fetüs dış seslere bile tepki verebilir. Dokuzuncu ayda saç kalınlaşır, vücuttaki vellüsler yok olur, kol ve bacaklar dolgunlaşır. Dokuz aylık sürecin sonunda bir bebek takribi 50 cm boy ve 3.2 kilo ağırlıkla doğar.

### Fetüs Tanrı'ya Ait Bir Yaşamdır

Günümüzün bilimsel gelişmeleriyle insanlar, yaşayan

canlıları klonlamaya büyük ilgi duymaktadırlar. Ama daha öncede belirtildiği gibi bilim ne denli gelişirse gelişsin insanlar klonlanamaz. Bir insanın dış görünüşüyle klonlanmış bir canlının ruhu yoktur. Ve ruh olmadan da hayvandan farkı olmaz.

Hayvanların aksine bir insanın gelişim sürecinde ruhun bahşedildiği bir an vardır. Hamileliğin altıncı ayında fetüsün çeşitli organları, yüzü, kol ve bacakları vardır. Ruhunu taşımak için yeterli bir kap olmaktadır. O an Tanrı, ruhuyla birlikte insana yaşam tohumunu bahşeder. İncil'de bu gerçeği çıkarsayabileceğimiz bir ayet vardır; altı aylık fetüsün ana rahminde verdiği yanıtla ilgili olan ayettir.

Luka 1:41-44 ayetleri şöyle der: "Elizabet Meryem'in selamını duyunca rahmindeki çocuk hopladı. Kutsal Ruh'la dolan Elizabet yüksek sesle şöyle dedi: "Kadınlar arasında kutsanmış bulunuyorsun, rahminin ürünü de kutsanmıştır! Nasıl oldu da Rabbim'in annesi yanıma geldi? Bak, selamın kulaklarıma eriştiği an, çocuk rahmimde sevinçle hopladı.'"

Bu, İsa'nın Bakire Meryem'in rahmine henüz düştüğü ve altı aylık Vaftizci Yahya'ya hamile olan Elizabet'e ziyarete gittiği zaman oldu. Annesinin rahminde olan Vaftizci Yahya, Bakire Meryem'in gelişiyle sevinçle hopladı. İsa'yı Meryem'in rahminde tanıdı ve ruhla doldu. Bir fetüs sadece yaşam değil ama ayrıca hamileliğin altıncı ayından itibaren Ruh'la dolan ruhani bir varlıktır. Gebe kalınılan andan itibaren bir insan, Tanrı'ya ait bir yaşamdır. Yaşam üzerinde egemen olan sadece Tanrı'dır. Bu yüzden henüz fetüs ruhu almamış olsa bile, uygun ya da gerekli gördüğümüz için kürtaj yaptırmamalıyız.

Ana rahminde fetüsün büyüdüğü dokuz aylık süre çok önemlidir. Gelişimi için ihtiyacı olan her şeyi anneden alır; dolayısıyla anne iyi beslenmelidir. Annenin duygu ve düşüncelerinin, fetüsün karakterinin, kişiliğinin ve zekâsının oluşumunda ayrıca etkisi vardır. Ruh içinde durum aynıdır. Tanrı'nın egemenliğine hizmet eden ve sebatla dua eden annelerin bebekleri genellikle mülayim karakterli olur, sağlık ve bilgelikle büyürler.

Yaşam üzerinde egemenlik sadece ve sadece Tanrı'ya aittir ama gebeliğin, doğumun ve insanının gelişim süreçlerine müdahale etmez. Doğuştan gelen karakterler, ebeveynlerin sperm ve yumurtasındaki yaşam-enerjisi yoluyla belirlenir. Çevre ve diğer etkilerle başka karakter özellikleri elde edilir ve gelişir.

### Tanrı'nın Özel Müdahalesi

Bir kişinin gebeliğine ve doğumuna Tanrı'nın müdahale

ettiği bazı durumlar vardır. İmanla Tanrı'yı hoşnut eden ve içtenlikle dua eden ebeveynlerin olduğu durumlarda olur. Bebek sahibi olamadığı için ıstırap ve acı içinde olan Hanna, hâkimler döneminde yaşıyordu ve Tanrı'nın huzuruna gelerek içtenlikle dua etti. Tanrı kendisine bir oğul verirse, o oğlunu Rab'be adayacağını söyledi.

Tanrı duasını duydu ve Hanna'yı bir oğulla kutsadı. Adak adamış olduğunda oğlu Samuel sütten kesilir kesilmez, onu Tanrı'nın bir kulu olarak verdi. Samuel, çocukluğundan itibaren Tanrı'yla iletişim kurabildi ve daha sonra İsrail'in büyük bir peygamberi oldu. Adağını tutmuş olduğundan Tanrı Hanna'yı üç oğul ve iki kız çocukla kutsadı (1. Samuel 2:21).

İkinci olarak Tanrı, takdiri ilahisiyle atayacaklarının yaşamlarına müdahale eder. Bunu anlamak için 'seçilmiş' ve 'atanmış' arasındaki farkı anlamalıyız. Tanrı belli bir çerçeve oluşturduğunda ve çerçeve dâhilinde gelen herkesi ayrım gözetmeden seçtiğinde, Tanrı'nın seçilmişi olur. Örneğin Tanrı, kurtuluşun çerçevesini oluşturmuştur ve bu çerçevenin sınırları dâhilinde olan herkesi kurtarır. Bu yüzden İsa Mesih'e iman ederek ve Tanrı'nın Sözüne göre yaşayarak kurtuluşu alanlara 'seçilmiş' denir.

Bazı insanlar, kimlerin kurtulacağına ve kimlerin kurtulmayacağına Tanrı'nın çoktan karar verdiğine dair yanlış bir düşünceye sahiptirler. Eğer Rab'be bir kez iman ederseniz, Tanrı'nın sözüne göre yaşamasanız dahi Tanrı'nın bir şekilde kurtuluş yolunu size açacağını söylerler. Fakat bu düşünce yanlıştır.

Özgür iradesiyle imana gelen herkes, kurtuluşun çerçevesi dâhilinde kurtuluşu alır. Yani, Tanrı tarafından seçilmişlerdir. Fakat kurtuluşun çerçevesin içine giremeyenler ya da o çerçevenin sınırları içersinde bir kez bulunmuş ama sonra dünyayla dost olarak bilerek ve isteyerek günah işlemiş insanlar olarak o çerçeveden çıkmış olanlar, gittikleri yoldan dönmedikleri sürece kurtulamazlar.

Öyleyse 'atanmış' ne anlama gelir? Çağlar öncesinden beri her şeyi bilen ve planlayan Tanrı'nın, bir kişiyi seçmesi ve o kişinin yaşamının akışını kontrol etmesidir. Örneğin İbrahim, tüm İsraillilerin atası Yakup ve Mısır'dan Çıkış'ın önderi Musa, takdiri ilahisiyle Tanrı tarafından verilen görevleri yerine getirmek üzere atanmışlardı.

Tanrı her şeyi bilir. İnsanın yetiştirilme sürecinin takdiri ilahisinde, insanlık tarihinin hangi noktasında nasıl bir insanın doğması gerektiğini bilir. Planlarının yerine gelmesi için belli insanları seçer ve onların büyük görevleri yerine getirmesini sağlar. Bu şekilde Tanrı tarafından atananların yaşamlarının her anına, doğumlarından itibaren Tanrı müdahale eder.

Romalılar 1:1 ayeti şöyle der: "İsa Mesih'in kulu, Tanrı'nın Müjdesi'ni yaymak üzere seçilip elçi olmaya çağrılan ben Pavlus'tan selam!" Söylendiği gibi elçi Pavlus, müjdeyi Yahudi ulusundan olmayanlara duyurmakla görevli elçi olarak atanmıştı. Cesur ve değişmeyen bir yüreği olduğundan tasavvur dahi edilemez büyük acılardan geçmek üzere atanmıştı. Ayrıca Yeni Ahit kitaplarının çoğunun yazılma görev ve sorumluluğu ona verilmişti. Böylesi bir görevi yerine getirebilsin diye Tanrı, çocukluğundan itibaren Pavlus'un Gamaliel gibi en saygın kutsal yasa öğretmenleri aracılığıyla Tanrı'nın sözünü öğrenmesini sağlamıştı.

Vaftizci Yahya'da Tanrı tarafından atanmıştı. Tanrı, ona gebe kalınması için müdahale etmiş ve çocukluğundan itibaren farklı bir yaşam sürdürmesini sağlamıştır. Dünyayla hiçbir iletişimi olmadan çöllerde bir başına yaşamıştır. Devetüyünden giysisi, belinde deri kuşağı vardı. Yediği, çekirge ve yaban balıydı. Bu şekilde İsa'nın yolunu hazırlamıştır.

Musa içinde durum aynıydı. Doğumundan itibaren Tanrı onun hayatına müdahale etmiştir. Nehre atılmış ama firavunun kızı tarafından bulunup prens olmuştur. Buna rağmen kendi öz annesi tarafından büyütülmüş ve böylece Tanrı'yı ve halkını öğrenebilmiştir. Bir Mısır Prensi olarak ayrıca dünya hakkında tüm bilgileri edinmiştir. Açıklanmış olduğu gibi 'atanmış' olmak, insanlık tarihinin belli bir noktasında nasıl bir insanın doğacağını bilerek o insanın yaşamının Egemen Tanrı'nın kontrolünde olması demektir.

## 3. Vicdan

Bir insanın Yaratan Tanrı'yı araması, O'nun kaybolan suretini geri kazanması ve değerli bir varlık olması, o insanın nasıl bir vicdana sahip olduğuna büyük ölçüde bağlıdır.

Ebeveynlerin sperm ve yumurtası, çocuklara kalıtım yoluyla geçen yaşam-enerjisini içerir. Vicdan içinde durum aynıdır. Vicdan, iyiyle kötüyü yargılamak için bir standarttır. Eğer ebeveynler iyi tarlası olan bir yüreğe sahip olarak iyi yaşam sürdürmüşlerse, çocuklarının iyi bir vicdanla doğması muhtemeldir. Bu yüzden bir kişinin vicdanının temel belirleyici faktörü, ebeveynlerinden kalıtım yoluyla aldığı yaşam-enerjisidir.

Ama eğer kötü şeyleri görerek ve duyarak hoş olmayan ortamlarda büyür ve kötü şeyleri ekerlerse, anne-babalarından gelen iyi yaşam-enerjisiyle doğmuş olmalarına rağmen vicdanlarının kötülükle lekelenmesi olasıdır. Diğer yandan iyi ortamlarda büyüyerek iyi şeyleri gören ve duyanlar nispeten iyi bir vicdana sahip olacaklardır.

## Vicdanın Oluşumu

Ebeveynlere, büyüdükleri ortama, gördükleri, duydukları ve öğrendikleri şeylere ve iyilik yapmak için gösterdikleri çabaya göre farklı vicdanlar oluşur. Dolayısıyla iyi ebeveynlere doğanlar, iyi ortamlarda yetişenler ve kendilerini kontrol edebilenler genellikle vicdanlarının izinde iyiliği ararlar. Onlar için müjdeye iman etmek ve gerçeğe göre değişmek kolaydır.

Genellikle insanlar, vicdanın canımızın iyi bir parçası olduğunu düşünebilir ama Tanrı'nın nazarında değildir. Bazı insanların iyi bir vicdanı ve iyiliği izlemeye güçlü eğilimleri varken, diğerlerinin kötü bir vicdanı vardır ve gerçeği izlemek yerine kendi çıkarları peşinde giderler.

Bazıları, bir başkasına ait küçük bir şeyi aldıklarında dahi vicdan azabı çekerken, diğerleri bunun hırsızlık ve kötülük olduğunu dahi düşünmezler. Büyüdükleri ortama ve öğrendikleri şeylere göre insanların iyilikle kötülük arasında farklı yargıları olur.

İnsanlar, kendi vicdanlarına göre iyilikle kötülük arasında yargıya varırlar. Ama insanların vicdanları birbirinden farklıdır. Kültürlere ve bölgelere pek çok farkları olur ve iyilikle kötülüğün yargısında asla mutlak bir standart olamazlar. Mutlak standart ancak gerçeğin kendisi olan Tanrı'nın sözünde bulunur.

## Yürekle Vicdan Arasındaki Fark

Romalılar 7:21-24 ayetleri şöyle der: "Bundan şu kuralı çıkarıyorum: Ben iyi olanı yapmak isterken, karşımda hep kötülük vardır. İç varlığımda Tanrı'nın Yasası'ndan zevk alıyorum. Ama bedenimin üyelerinde bambaşka bir yasa görüyorum. Bu da aklımın onayladığı yasaya karşı savaşıyor ve beni bedenimin üyelerindeki günah yasasına tutsak ediyor. Ne zavallı insanım! Ölüme götüren bu bedenden beni kim kurtaracak?"

Bu ayetten bir insanın yüreğinin nasıl terkip edildiğini anlayabiliriz. Bu ayette geçen 'iç varlık', Kutsal Ruh'un rehberliği izinde gitmeye çabalayan ve 'beyaz yürek' olarak da adlandırılan gerçeğin yüreğidir. Bu iç varlığın içinde yaşam tohumu bulunur. Ayrıca gerçek olmayana sahip kara yüreğin içerdiği günahın yasası vardır. Ayrıca aklın yasası vardır. Bu, vicdandır. Vicdan, bir kişinin kendi başına oluşturduğu değer-yargılarının standardıdır; beyaz yürekle kara yüreğin bir karışımıdır. Vicdanı anlamak için ilk olarak yüreği anlamalıyız.

Sözlüklerde 'yürek' kelimesinin pek çok tanımı vardır: Entelektüel nitelikten farklı olarak hissi veya ahlaki nitelik; bir kişinin en iç karakteri, duyguları ya da eğilimleri olarak tanımlanır. Fakat vicdanın ruhani anlamı farklıdır. Tanrı Âdem'i yarattığında ruhuyla birlikte ona yaşam tohumunu verdi. Âdem boş bir kaptı ve Tanrı sevgi, iyilik ve gerçek gibi ruhun bilgilerini koydu. Âdem'e sadece gerçek öğretildiğinden, yaşam tohumu, içindeki bilgiyle beraber ruhunu içeriyordu. Sadece gerçekle dolu olduğundan ruh ile yürek arasında bir ayrım yapmaya ihtiyaç yoktu. Gerçek olmayan onda mevcut olmadığından vicdan gibi bir sözcük gerekli değildi.

Fakat günah işledikten sonra Âdem'in ruhu artık yüreğiyle aynı değildi. Tanrı'yla iletişimi kötüleştiğinden yüreğini dolduran gerçek, ruhun bilgisi dışarıya akmaya başladı ve onun yerine nefret, çekememezlik ve kibir gibi gerçeğe aykırı şeyler yüreğinde yer aldı ve yaşam tohumunun üzerini kapladı. Gerçek olmayanlar Âdem'e gelmeden önce 'yürek' kelimesini kullanmaya gerek yoktu; yüreği ruhun ta kendisiydi. Fakat günahla gerçek olmayanlar geldikten sonra ruhu öldü ve o zamandan beri bizler 'yürek' kelimesini kullanmaya başladık.

Âdem'in günahından sonra insanın yüreği, gerçek yerine gerçek olmayanın yaşam tohumunun üzerini örttüğü bir duruma geldi; bu, ruh yerine canın yaşam tohumunun üzerini kapladığı anlamına gelir. Kısaca, gerçeğin yüreği beyaz, gerçek olmayanın yüreği de kara yürektir. Günah işledikten sonra doğan Âdem'in tüm torunlarının yüreği; gerçeğin yüreğini, gerçek olmayanın yüreğini ve gerçekle gerçek olmayanı harmanlayarak sahip oldukları vicdanı içerir.

## Huy Vicdanın Dayanağıdır

Bir kişinin orijinal karakterine 'huy' denir. Bir kimsenin huyu sadece kalıtımsal yolla geçmez. Fakat büyürken kabul ettiği şeylere göre değişir. Nasıl ki bir toprağın karakteri içine eklediklerimizle değişiyorsa, bir insanın huyu da gördükleri, duydukları ve hissettiklerine göre değişir.

Âdem'in yeryüzünde doğan tüm torunları, gerçekle gerçek olmayanın harmanı bir huyu, ebeveynlerinin yaşam enerjisi yoluyla kalıtımsal olarak alırlar. İyi bir huyla doğsalar bile hoş olmayan ortamlardaki kötü şeyleri alarak kötü huya sahip olacaklardır. Diğer yandan iyi ortamlarda iyi şeyler öğrenmişlerse nispeten daha az kötülük onlara ekilecektir. Her bireyin huyu, belli gerçeklerin ve gerçek olmayanların eklenmesiyle değişebilir.

Vicdan, insanın huyuyla meydana gelen bir standart yargı olduğundan, öncelikle insanın huyunu anlarsak vicdanı anlamamız kolaylaşır. Gerçeğin ve gerçek olmayanın belli bilgisini içvarlığınızda kabul ederek yargı standardınızı oluşturursunuz. Bu, vicdandır. Dolayısıyla, bir kişinin vicdanında gerçeğin yüreği, kişinin tabiatındaki kötülük ve kendine has doğruluk bulunur.

Günler geçtikçe dünya daha fazla günah ve kötülükle dolmaktadır ve insanların vicdanları da giderek kötüleşmektedir. Anne-babalarından giderek daha fazla kötü huyları kalıtımsal yolla almaktadırlar. Ve bununda ötesinde yaşamlarına daha fazla gerçek olmayan şeyleri kabul etmektedirler. Bu süreç, nesilden nesle devam edip durur. Vicdanları kötüleşip uyuştukça müjdeyi kabul etmeleri de o kadar zorlaşır. Aksine Şeytan'ın işlerini almaları ve günah işlemeleri daha da kolaylaşır.

## 4. Benliğin İşleri

Günah işleyen bir insanın, ruhani dünyanın yasasına göre kesinlikle bir cezası vardır. Tövbe etmesi ve günahlarından dönmesi için Tanrı o kişiye pek çok şans vererek katlanır, ama eğer sınırı aşarsa, testlerle sınamalar veya çeşitli hastalıklar o kişiyi bulur.

Herkes günahkâr bir doğayla doğar çünkü ilk insan Âdem'in günahı, ebeveynlerin yaşam-enerjisi yoluyla çocuklarına geçer. Hatta bazen emekleyen bebeklerin bile çok ağlayarak öfke ve hiddetlerini ifade ettiklerine şahit oluruz. Bazen aç ve ağlayan bir bebeği emzirmediğimizde nefesi tıkanacakmış gibi çok ağlar. Daha sonra ise öfkeli olduğu için emzirilmeyi reddeder. Hatta yeni doğmuş bebekler bile bu çeşit eylemlerde bulunur çünkü ebeveynlerinden öfke, nefret veya çekememezlik gibi özellikleri kalıtımsal yolla almışlardır. Tüm bunların nedeni, tüm insanların yüreklerinde günahkâr doğanının bulunmasıdır ve bu da orijinal günahtır.

Ayrıca insanlar gelişim süreçlerinde de günah işlerler. Nasıl ki mıknatıs metalleri çekiyorsa, fiziksel uzamda yaşayanlarda gerçek olmayanı kabul etmeye ve günah işlemeye devam edeceklerdir. Bu 'kişisel günahlar', yüreğin ve eylemin günahları olarak sınıflandırılabilir. Farklı günahların farklı büyüklükleri vardır ve eylemle ortaya konan günahlar kesinlikle yargılanacaktır. (Korintliler5:10). Eylemle ortaya konan günahlara 'benliğin işleri' denir.

### Benlik ve Benliğin İşleri

Yaratılış 6:3 ayeti şöyle der: "RAB, "Ruhum insanda sonsuza dek kalmayacak, çünkü o ölümlüdür" dedi, "İnsanın ömrü yüz yirmi yıl olacak.'" Burada geçen 'ölümlüdür' kelimesiyle kastedilen fiziki bedeninin ölümü değildir. İnsanın günah ve kötülükle lekelenmiş benliğin bir insanı olduğu anlamına gelir. Benliğin bu insanı sonsuza dek Tanrı'yla yaşayamaz ve bu yüzden kurtulamazlar. Âdem'in Aden Bahçesi'nden kovulmasından ve yeryüzünde yaşamaya başlamasından sonra çok nesil geçmemişti ki torunları benliğin işlerini oldukça hızlı bir şekilde işlemeye başladılar. O zamanların doğru insanı Nuh'u bir gemi hazırlaması ve insanları günahlarından geri dönmeye çağırması için Tanrı görevlendirdi. Fakat Nuh'un ailesinden başka hiç kimse gemiye binmeyi istemedi. 'Günahın ücreti ölümdür' diyen ruhani yasaya göre (Romalılar 6:23),Nuh'un zamanında yaşayan herkes tufanla yok edildi.

Peki, 'benliğin' ruhani anlamı nedir? Bir insanın yüreğinde mevcut olan gerçek olmayanın doğasının belli eylemlerle ifşa olmasıdır. Diğer bir deyişle çekememezlik, öfke, nefret, açgözlülük, zina, kibir ve insandaki tüm diğer içsel gerçek karşıtı şeyler şiddet, küfür, zina ve cinayet şeklinde kendini gösterir. Tüm bu eylemlere bir bütün olarak 'benlik' denir ve bu eylemlerin her biri benliğin eylemleridir.

Fakat eylemlerle ortaya konmayıp zihinden geçen düşüncelere 'benliğin işleri' denir. Yürekten sökülüp atılmadığı sürece benliğin işleri bir gün benliğin şeyleri olarak ortaya konabilir. Benliğin şeyleriyle ilgili daha fazla bilgi, ikinci bölümde yer alan 'Canın Oluşumu' başlığı altında anlatılacaktır.

Benliğin şeylerinin benliğin işleri olarak ortaya konması

57

kötülük yapmak ve haksızlıktır. Yüreklerimizde günahkâr doğaya sahip olmamız haksızlık olarak görülmez ama eyleme dönüştürdüğümüz takdirde haksızlık olur. Benliğin bu şeylerini ve işlerini söküp atmaz ama onları işlemeye devam edersek, Tanrı'yla aramıza günah duvarı örülür. O zaman Şeytan, üzerimize test ve sınamalar gelsin diye bizleri suçlayabilecektir. Tanrı bizleri korumadığı için kazalarla karşılaşabileceğiz. Eğer Tanrı'nın koruması altında değilsek, yarın neler olacağını bilemeyiz. Bu yüzden dualarımıza da yanıt alamayız.

### Benliğin Aşikâr İşleri

Dünyada yaygın kötülüğün çoğu cinsel ahlaksızlık ve şehvettir. Sodom ve Gomora sefahatla doluydu; sülfür ve ateşle yok edildi. Pompei kentinden geriye kalanlar, toplumun ne kadar zinaya meyilli ve çürümüş olduğunu bizlere anlatır.

Galatyalılar 5:19-21 ayetleri, benliğin aşikâr işlerini anlatır:

Benliğin işleri bellidir. Bunlar fuhuş, pislik, sefahat, putperestlik, büyücülük, düşmanlık, çekişme, kıskançlık, öfke, bencil tutkular, ayrılıklar, bölünmeler, çekememezlik, sarhoşluk, çılgın eğlenceler ve benzeri şeylerdir. Sizi daha önce uyardığım gibi yine uyarıyorum, böyle davrananlar Tanrı Egemenliği`ni miras alamayacaklar.

Günümüzde dahi benliğin böylesi işleri tüm dünyada coşmuş bir haldedir. Benliğin bu tür işleriyle ilgili size birkaç örnek vereyim.

İlki cinsel ahlaksızlıktır. Cinsel ahlaksızlık fiziki de olabilir, ruhani de. Fiziki anlamda zina veya fuhuştur. Hatta nişanlı olanlar bile istisna sayılamazlar. Günümüz romanları, filmleri veya gündüz kuşağı dizileri, fuhuşu güzel bir aşk olarak betimleyerek insanları günaha karşı duyarsızlaştırır ve basiretlerini bulanıklaştırırlar. Ayrıca fuhuşu destekleyen pek çok müstehcen malzeme mevcuttur.

Fakat inanlılar için birde ruhani ahlaksızlık vardır. Falcıya gitmeleri, tılsım ya da nazarlık takmaları veya büyü yapmaları ruhani zinadır (1. Korintliler 10:21). Hristiyanların yaşamı, ölümü, kutsamayı ve laneti kontrol eden Tanrı'ya güvenmek yerine putlara ve cinlere güvenmeleri Tanrı'ya ihanet etmek olan ruhani zinadır.

İkinci olarak pislik, bir kişinin hayatı zinayla ilgili söz ve eylemlerle dolu olduğunda, şehveti izlemesi ve pek çok doğru olmayan şeyleri yapmasıdır. Bu, sıradan cinsel ahlaksızlığın ötesinde bir durumdur. Örneğin hayvanlarla çiftleşmek, grup seks ve homoseksüellik buna girer (Levililer 18:22-30). Günahlar ne kadar yaygınlaşırsa, insanlarda zinayla ilgili şeylere karşı o kadar duyarsızlaşır.

Bu şeyler Tanrı'ya itaatsizlik etmek ve Tanrı'ya karşı gelmektir (Romalılar 1:26-27). Bunlar, Tanrı'nın nazarında iğrenç (Yasa'nın Tekrarı 13:18)olan ve kurtuluştan yoksun bırakan günahlardır (1.Korintliler 6:9-10). Cinsiyet değiştirme ameliyatlarını ya da erkeklerin kadın, kadınların ise erkek giysileri giymesini Tanrı tiksindirici bulur (Yasa'nın Tekrarı 22:5).

Üçüncü olarak putperestlik, Tanrı katında nefret uyandırır. Fiziksel ve ruhsal putperestlik vardır.

Fiziksel putperestlik; Yaratıcı Tanrı'yı aramak yerine ahşaptan, taştan veya metalden imgelere hizmet etmek ve tapınmaktır (Mısır'dan Çıkış 20:4-5). Ciddi putperestlik, üçten dörde kadar nesillerin lanetlenmesine neden olur. Eğer putlara çok fazla tapınan ailelere bakacak olursanız, düşman iblis ve Şeytan'ın onlara sürekli test ve sınamalar getirdiğini görürsünüz. Bu ailelerin sorunları bir türlü bitmez. Özellikle kötü ruha tutulmuş, akıl hastası ya da alkolik pek çok aile fertleri vardır. Rab'be iman etseler bile bu tür ailelere doğmuş olanlara, düşman iblis ve şeytan rahatsızlık verir ve imanla dolu bir yaşam sürdürmekte zorlanırlar.

Ruhani zina; bir kişinin bir şeyi Tanrı'dan daha fazla sevmesidir. Eğer film ya da gündüz kuşağı dizisi seyretmek, spor etkinlikleri veya diğer hobiler için Rab'bin Günü çiğniyorlarsa; eğer imandaki görevlerini kız ya da erkek arkadaşları yüzünden ihmal ediyorlarsa, bu, ruhani zinadır. Bunlardan başka ola ki bir şeyi – aileniz, çocuklarınız, dünyevi eğlenceler, lüks eşyalar, yetkinlik, ün, açgözlülük veya bilgi- Tanrı'dan daha fazla seviyorsunuz, o şey puttur.

Dördüncü olarak büyücülük, özellikle gaipten haber vermek için kötü ruhların yardımı veya kontrolüyle edinilen gücün kullanımıdır. Tanrı'ya inandığınızı söyleyerek falcılara gitmeniz doğru değildir. İnanlı olmayanlar bile büyü yaparak muazzam felaketler getirirler çünkü büyü, kötü ruhları çağırır.

Örneğin sorunların gitmesi için büyü yaparsanız, sorunlar gitmekle kalmaz ama daha da kötü bir hal alır. Büyünün ertesinde kötü ruhlar bir süre için sessizliğe bürünürler ama kısa zaman içinde kendilerine tapınılması için daha büyük felaketler getirirler. Bazen olacak şeyleri söyler gibi görünürler ama kötü ruhlar geleceği bilmezler. Onlar sadece ruhani varlıklardır ve benliğin insanının yüreğini bilirler; dolayısıyla insanlar kendilerine tapınsın diye gelecekleri hakkında şeyler söylediklerine inandırarak kandırırlar. Falcılar ayrıca başkalarını kandırmak için entrikalar çevirirler; bu sebeple bunlarla ilgili dikkatli olmalısınız. Entrikayla bir kişinin çukura düşmesini sağlamanız, benliğin aşikâr bir işi ve başınıza da yıkım getirmenin bir yoludur.

Beşincisi düşmanlıktır. Düşmanlık; pozitif, aktif ve genellikle karşılıklı duyulan nefret ya da husumettir. Başkalarının mahvolmasını istemek ve bunun olması için bilfiil uğraşmaktır. Düşmanlık duyanlar, diğer kişiyi sırf sevmedikleri için kötü duygular içinde o kişiden nefret ederler. Eğer nefretin boyutu çok büyükse patlayabilir ya da iftirayla entrikaların içine girerler.

Altıncı olarak çekişme keskin ve bazense şiddetli çatışma ya da anlaşmazlıktır. Sırf başkalarının farklı fikirleri var diye bir kilisede farklı gruplar meydana getirmektir. Başkaları hakkında kötü konuşur, onları yargılar ve suçlarlar. O zaman kilise, pek çok farklı gruba bölünür.

Yedinci olarak ayrılıklar, kendi düşünceleri peşi sıra gruplara bölünmektir. Ailelerde bile ayrılıklar görülebilir ve bir kilisede de farklı bölünmeler olabilir. Davut'un oğlu Avşalom, kendi arzuları peşi sıra babasına ihanet emiş ve ondan ayrılmıştı. Kral olmak için babasına baş kaldırmıştı. Tanrı, bu tür insanları terk eder. Avşalom'un sonu sefil bir ölüm olmuştur.

Sekizinci bölünmelerdir. Bölünmeler, yıkıcı öğreticilere

dönüşebilir. 2. Petrus 2:1 ayeti şöyle der: "Ama İsrail halkı arasında sahte peygamberler vardı; tıpkı sizin de aranızda yanlış öğreti yayanlar olacağı gibi. Bunlar kendilerini satın alan Efendi'yi bile yadsıyarak gizlice aranıza yıkıcı öğretiler sokacaklar. Böyleleri kendi başlarına ani bir yıkım getirecek." Yıkıcı öğretiler, İsa Mesih'i yadsımaktır (1. Yuhanna 2:22-23; 4:2-3). Tanrı'ya inandıklarını söylerler ama Üçlü Birliğin Tanrısını veya bizleri kanıyla satın alan İsa Mesih'i inkâr ederler; böylece başlarına hızla yıkımı getirirler. İncil, yıkıcı öğretilerin İsa Mesih'i yadsımak olduğunu açıkça bizlere anlattır ve bu yüzden Üçlü Birliğe ve İsa Mesih'e iman edenleri dikkatsizce yargılamamalıyız.

Dokuzuncu olarak çekememezlik, kıskançlık ciddi bir eyleme dönüştüğünde ortaya çıkar. Çekememezlik, rahatsızlık hissetmek, kendini uzaklaştırmak ve başkaları kendinden daha iyi bir durumda göründüğü için onlardan nefret etmektir. Eğer bu çekememezlik gelişirse, başkalarına zararlı olan pek çok eyleme dönüşebilir. Saul, kendi adamı olan Davut'u, kendisinden çok daha fazla sevildiği için kıskanıyordu. Davut'u öldürmek için kendi ordusundan faydalandı ve Davut'u saklayan kentin kâhinlerini ve insanlarını yok etti.

Onuncusu sarhoşluktur. Nuh bir hata yaparak şarap içip sarhoş oldu ve bununda sonucu çok kötü oldu. Onun hatasını ifşa eden ikinci oğlu Ham'ı lanetledi.

Efesliler 5:18 ayeti şöyle der: "Şarapla sarhoş olmayın, bu sizi sefahate götürür. Bunun yerine Ruh'la dolun." Bazıları bir bardağın sakıncası olmadığını söylerler. Fakat ister bir bardak olsun, isterse iki, hala bir günahtır; sarhoş olmak için alkol almış olursunuz. Bunun yanında sarhoş olanlar, kendilerini kontrol edemediklerinden pek çok günah işlerler.

Kutsal Kitap, şaraptan bahseder çünkü İsrail'de su az olduğundan suyun yerine, saf üzüm suyu ya da içinde çok fazla şeker ihtiva eden meyvelerden yapılmış güçlü bir içeceğe Tanrı izin vermişti (Yasa'nın Tekrarı 14:26). Ama aslında, insanların alkol almalarına izin vermemişti (Levililer 10:9; Çölde Sayım 6:3; Özdeyişler 23:31; Yeremya 35:6; Daniel 1:8; Luka 1:15; Romalılar 14:21). Sadece belli durumlarda oldukça az kullanımına müsaade etmişti. Fakat meyvelerden elde edilen bir içecek olmasına rağmen çok içtikleri takdirde insanlar sarhoş olabiliyorlardı. Bu nedenle İsrail halkı su yerine şarap içiyordu; sarhoş olmak ya da eğlenmek için içmiyorlardı.

Son olarak çılgın eğlenceler; özdenetim olmadan alkolün, kadınların, kumarın ve diğer şehvani şeylerin keyfini çıkarmaktır. Bu tür insanlar, insanlar olarak görevlerini yerine getiremezler. Özdenetiminiz yoksa bu da bir çeşit çılgın eğlencedir. Eğer aşırı müstehcen bir yaşam sürdürüyor ya da dilediğiniz gibi sefahat içinde yaşıyorsanız, bu da çılgın eğlencedir. Rab'be iman ettikten sonra bile böyle bir yaşam sürdürüyorsanız, yüreğinizi Tanrı'ya veremez ve günahları söküp atamazsınız; bu yüzden Tanrı'nın egemenliğini miras alamazsınız.

## Göksel Egemenliği Miras Alamamanın Anlamı

Şu ana kadar benliğin aşikâr işlerine göz attık. Öyleyse insanların böylesi günahlar işlemesinin temel nedenleri nedir? Çünkü yaratan Tanrı'yı yüreklerine yerleştirmeyi istemezler. Romalılar 1:28-32 ayetlerinde bu açıklanmıştır: "Tanrı'yı tanımakta yarar görmedikleri için Tanrı onları yararsız düşüncelere, yakışıksız davranışlara teslim etti. Her türlü haksızlık, kötülük, açgözlülük ve kinle doldular. Kıskançlık, öldürme hırsı, çekişme, hile, kötü niyetle doludurlar. Dedikoducu, yerici, Tanrı'dan nefret eden, küstah, kibirli, övüngen, kötülük üreten, anne baba sözü dinlemeyen, anlayışsız, sözünde durmaz, sevgiden yoksun, acımasız insanlardır. Böyle davrananların ölümü hak ettiğine ilişkin Tanrı buyruğunu bildikleri halde, bunları yalnız yapmakla kalmaz, yapanları da onaylarlar."

Benliğin aşikâr işlerini yaptığınız sürece Tanrı'nın

egemenliğini miras alamayacağınızı özetler. Kuşkusuz ki, zayıf imanınız yüzünden sırf birkaç kez günah işlediniz diye kurtulamayacağınız anlamına gelmez.

Henüz benliği söküp atmamış oldukları için gerçeği tam olarak bilemediklerinden yeni inanlıların ya da zayıf imanı olanların, kurtuluşu alamayacakları doğru değildir. İmanları olgunlaşana kadar tüm insanlar günah işler ve Rab'bin kanına dayanarak günahlarından bağışlanabilirler. Fakat günahlarından dönmeden benliğin işlerini yapmaya devam ederlerse, kurtuluşu alamazlar.

### Ölümcül Günahlar

1. Yuhanna 5:16-17 ayetleri şöyle der: "Kardeşinin ölümcül olmayan bir günah işlediğini gören, onun için dua etsin. Duasıyla kardeşine yaşam verecektir. Bu, ölümcül olmayan günah işleyenler için geçerlidir. Ölümcül günah da vardır, bunun için dua etsin demiyorum. Her kötülük günahtır, ama ölümcül olmayan günah da vardır." Yazılmış olduğu gibi, ölümcül olan ve olmayan günahlar vardır.

Bizleri Tanrı'nın egemenliğini miras almaktan mahrum eden ölümcül günahlar nelerdir?

İbraniler 10:26-27 ayetleri şöyle der: "Gerçeği öğrenip benimsedikten sonra, bile bile günah işlemeye devam edersek, günahlar için artık kurban kalmaz; geriye sadece yargının dehşetli beklenişi ve düşmanları yiyip bitirecek kızgın ateş kalır." Günah olduklarını bile bile günah işlemeye devam edersek, bu, Tanrı'ya karşı gelmektir. Tanrı, tövbe ruhunu bu insanlara vermez.

İbraniler 6:4-6 ayetleri şöyle der:" Bir kez aydınlatılmış, göksel armağanı tatmış ve Kutsal Ruh`a ortak edilmiş, Tanrı sözünün iyiliğini ve gelecek çağın güçlerini tatmış oldukları halde yoldan sapanları yeniden tövbe edecek duruma getirmeye olanak yoktur. Çünkü onlar Tanrı`nın Oğlu`nu adeta yeniden çarmıha geriyor, herkesin önünde aşağılıyorlar." Gerçeği duyduktan ve Kutsal Ruh'un işlerini deneyim ettikten sonra Tanrı'ya karşı geliyorsanız, tövbe ruhu verilmez ve kurtulamazsınız.

Eğer Kutsal Ruh'un işlerini, iblisin işleri ya da yıkıcı öğretiler olarak suçlarsanız da kurtulamazsınız çünkü bu, Kutsal Ruh'a küfür etmek ve O'na karşı gelmektir (Matta 12:31-32).

Asla bağışlanmayan günahlar olduğunu anlamalı ve asla onları işlememeliyiz. Ayrıca ufak günahlar bile biriktirildikleri takdirde ölümcül günahlara dönüşebilirler. Bu sebeple her an kendimizi gerçeğin içinde muhafaza etmeliyiz.

## 5. Yetiştirilme

İnsanın yetiştirilmesi, Tanrı'nın yeryüzünde insanı yaratması ve gerçek çocuklarını kazanmak için Yargı Gününe dek insanın tarihini yönetmesi süreçlerinin tümüdür.

Yetiştirme; bir çiftçinin tohumları ekmesi ve emekle tohumları yetiştirerek hasadı alma sürecidir. Tanrı'da yeryüzünde emekle yetiştirerek gerçek çocuklarının hasadını almak için, ilk tohum olan Âdem'le Havva'yı yeryüzüne ekmiştir. Ve şu ana dek insanların yetiştirilme sürecini yürütmektedir. Tanrı, insanın itaatsizlik yüzünden yozlaşacağını ve kederleneceğini önceden biliyordu. Fakat son ana kadar insanı yetiştirir çünkü Tanrı'ya olan sevgileriyle kötülüğü söküp atan ve Tanrı'nın yüreğine sahip gerçek çocukları olacağını bilir.

İnsan topraktan yaratılmıştır; dolayısıyla doğasında toprağın özellikleri vardır. Eğer bir tarlaya tohumları ekerseniz, tohumlar filizlenir, büyür ve meyve verir. Toprağın yeni bir yaşam üretme gücü olduğunu görebiliriz. Ayrıca toprağın özelliği, onun içine eklediklerinizle değişir. İnsan içinde aynıdır. Sıkça öfkelenenlerin doğalarında öfke vardır. Çok fazla yalan söyleyenlerin doğasında yalancılık vardır. Günah işledikten sonra Âdem ve torunları, benliğin insanlarına dönüştü ve giderek gerçek olmayanla hızla lekelendiler.

Bu sebeple insanlar yüreklerini yetiştirmeli ve 'insanın yetiştirilmesi' vesilesiyle ruhun yüreğini geri kazanmalıdırlar. Netice itibarıyla insanın yeryüzünde yetiştirilmesinin sebebi, yüreklerini yetiştirmeleri ve günah işlemeden önce Âdem'in sahip olduğu o temiz yüreği geri kazanmaları içindir. Tanrı, İncil'de yetiştirilmeyle ilgili benzetmeleri bize vermiştir ki, insanı yetiştirme sürecindeki takdiri ilahisini anlayabilelim (Matta 13; Markos 4; Luka 8).

Matta 13'de İsa, insanın yüreğini yol kenarı, kayalık yer, dikenler ve iyi toprağa benzetir. Nasıl bir toprağa sahip olduğumuzu gözden geçirmeli ve Tanrı'nın arzu ettiği iyi toprağa dönüşmesi için sürmeliyiz.

### Yüreğin Tarlasının Dört Çeşidi

Yol kenarı, insanların çok uzun bir zaman üzerinde yürüdükleri katı topraktır. Aslında tarla bile değildir ve hiçbir tohum filizlenmez. Orada yaşama ait hiçbir iş yoktur.

Mecazi anlamda yol kenarı, müjdeye hiç iman etmeyen insanların yüreklerini simgeler. Yürekleri egolarıyla ve kibirleriyle o kadar inatçıdır ki, müjdenin tohumu ekilemez. İsa'nın zamanında Yahudi önderler, kendi fikir ve töreleri hususunda öylesine inatçıydılar ki, İsa'yı ve müjdeyi reddettiler. Günümüzde yol kenarından yüreğe sahip olanlar öylesine inatçıdırlar ki, açık fikirli olamazlar ve Tanrı'nın gücü gösterilse bile müjdeyi reddederler.

Yol kenarı çok katıdır ve tohumlar toprağın içine yerleştirilemez. Dolayısıyla kuşlar gelip o tohumları yerler. Burada kuşlardan kasıt şeytandır. Şeytan gelip Tanrı'nın Sözünü alır ve böylece insanlar iman sahibi olamazlar. İnsanların zorlamasıyla kiliseye gelirler ama vaaz edilen Tanrı'nın sözüne inanmayı istemezler. Daha ziyade kendi fikirlerine dayanarak vaizin ya da verilen mesajı yargılamayı tercih ederler. İnatçı yürekleri olan önyargılı insanlar, kurtuluşu sonunda alamazlar çünkü Sözün tohumu hiçbir meyve vermez.

Kayalık yer, yol kenarından biraz daha iyidir. Yol kenarıyla benzeş bir insanın Tanrı'nın Sözüne iman etme niyeti yoktur ama kayalık yerle benzeş bir insan, duyduğu Tanrı sözünü anlayamaz. Eğer kayalık bir yere tohum ekecek olursanız, tohumlar kâh orada, kâh burada yeşerir, ama iyice büyüyemezler. Markos 4:5-6 ayetleri şöyle der: "Kimi, toprağı az kayalık yerlere düştü. Toprak derin olmadığından hemen filizlendi. Ne var ki, güneş doğunca kavruldular, kök salamadıkları için kuruyup gittiler. Kimi, dikenler arasına düştü. Dikenler büyüdü, filizleri boğdu ve filizler ürün vermedi."

Kayalık yere benzeş yürekleri olanlar, Tanrı'nın sözünü anlar ama iman etmezler. Markos 4:17 ayeti şöyle der: "... kök salamadıkları için ancak bir süre dayanan kişilerdir. Böyleleri Tanrı sözünden ötürü sıkıntı ya da zulme uğrayınca hemen sendeleyip düşerler." Burada geçen 'söz' ile 'Şabat Gününü tut, ondalıklarını ver, putlara tapınma, başkalarına hizmet et ve kendini alçakgönüllü kıl' gibi buyruklardır. Tanrı'nın sözünü dinlediklerinde O'nu tutacaklarını düşünürler ama zorluklarla karşılaştıklarında kararlılıklarını koruyamazlar. Tanrı'nın lütufunu aldıklarında sevinçle coşarlar ama zorluklar içinde hemen tutumlarını değiştirirler. Sözü duymuş ve bilmektedirler ama uygulayacak güce sahip değillerdir çünkü Tanrı'nın Sözü yüreklerinde kesin bir iman olarak yetişmemiştir.

Dikenden yürekleri olanlar, Tanrı'nın Sözünü anlar ve uygulamaya başlarlar. Fakat sözü, enine konuna uygulayamaz ve güzel hiçbir meyve vermezler. Markos 4:19 ayeti şöyle der: "...ama dünyasal kaygılar, zenginliğin aldatıcılığı ve daha başka hevesler araya girip sözü boğar ve ürün vermesini engeller."

Böylesi yürek tarlalarına sahip olanlar, Tanrı'nın Sözünü uygulayan iyi inanlılar gibi görünürler ama hala test ve sınamalardan geçerler; ruhani gelişimleri yavaştır. Çünkü dünyasal kaygılar, zenginliğin aldatıcılığı ve daha başka heveslere olan arzularla kandırıldıklarından, Tanrı'nın fiili işlerini deneyim etmezler. Örneğin işlerinin iflas ettiğini ve hatta hapse girebileceklerini farz edelim. Eğer burada durum azar azar borçlarını ödemeyi elverişli kılıyorsa ve Şeytan bu yolla onların aklını çelerse, bu insanların akıllarının çelinmesi muhtemeldir. Tanrı, ne kadar zor olursa olsun, ancak doğru yolda yürüdükleri takdirde onlara yardım edebilir; ama onlar gidip Şeytan'ın tahriklerine teslim olurlar.

Tanrı'nın sözüne itaat etmeye istekli olsalar bile gerçek anlamda imanla itaat edemezler. Çünkü kafaları insani düşüncelerle doludur. Her şeyi Tanrı'nın ellerine teslim ettiklerine dair dualar eder, ama aslında ilk olarak kendi deneyim ve teorilerini kullanırlar. Planlarına öncelik verdiklerinden, ilk başta her şey yolunda gidiyor görünse bile onlar için olaylar yolunda gitmez. Yakup 1:8 ayeti, bu insanların kararsız olduklarını söyler.

Birkaç dikenin pek zarar vereceği düşünülmez. Fakat eğer büyürlerse, durum tamamen değişir. Önce çalıya dönüşür ve sonra tohumların yetişmesine engel olurlar. Bu yüzden eğer Tanrı'nın sözüne itaat etmemize engel olan unsurlar varsa, ufakta olsalar onları derhal çekip çıkarmalıyız.

İyi toprak, çiftçi tarafından gayet iyi sürülmüş verimli topraktır. Toprak ne kadar çok sürülürse, o kadar taş ve dikenlerden arınır. Bu, Tanrı'nın yasakladığı şeylerden elinizi çektiğiniz ve söküp atmanızı söylediği şeyleri de söküp attığınız anlamına gelir. Ne kayalar ne de başka engeller vardır. Dolayısıyla Tanrı'nın sözü üzerine düştüğünde, ekilen tohumun 30, 60 ya da 100 katı ürün verir. Bu tür insanlar, dualarının yanıtını alırlar.

İyi topraktan bir yüreği ne kadar iyi yetiştirdiğimizi görmek için, Tanrı'nın Sözünü ne kadar iyi uygulamadığımıza bakmalıyız. Ne kadar çok iyi toprak yetiştirirseniz, onun Tanrı'nın Sözüne göre yaşaması o kadar kolaylaşır. Bazı insanlar Tanrı'nın Sözünü bilir ama yorgun ve tembel oldukları ya da gerçeğe uymayan düşünce ve arzuları olduğu için uygulamaya koyamazlar. İyi topraktan yüreğe sahip olanların böyle engelleri yoktur. Dolayısıyla duyar duymaz Tanrı'nın Sözünü anlar ve uygularlar. Bir kez bir şeyin Tanrı'nın istemi olduğunu kavradıklarında ve Tanrı'yı hoşnut ettiklerinde sadece yaparlar.

Yüreğinizi yetiştirdikçe nefret etmiş olduklarınızı sevmeye başlarsınız. Önceden bağışlayamadıklarınızı artık bağışlayabilirsiniz. Çekememezlik ve yargılama, sevgi ve merhamete dönüşür. Aklın kibri, alçakgönüllülük ve hizmete dönüşür. Bir kişinin yüreğinin sünnetini gerçekleştirmek için bu şekilde kötülüğü söküp atması, yüreğini iyi bir toprağa dönüştürmek için yetiştirmesidir. Tanrı'nın Sözü, iyi topraktan yüreğin üzerine düştükçe yeşerecek ve Kutsal Ruh'un dokuz meyvesiyle Işığın meyvelerini bolca verecektir.

Yüreğinizi iyi bir toprağa dönüştürdükçe, yukarılardan ruhani imanı alabilirsiniz. Tanrı'nın gücünü göklerden indirmek için kendinizi adayarak dua edebilir, Kutsal Ruh'un sesini net bir şekilde duyabilir ve Tanrı'nın isteğini gerçekleştirebilirsiniz. Bu tür insanlar, insanın yetiştirilme sürecinde Tanrı'nın hasadını almayı arzuladığı insanlardır.

### Kabın Özelliği: Yüreğin Tarlası

Yüreklerimizin yetiştirilmesindeki bir önemli unsurda kabın özelliğidir. Kabın özelliği, kabın materyalinin özelliğiyle alakalıdır. Bir kişinin Tanrı'nın sözünü nasıl dinlediğini, aklında tuttuğunu ve uyguladığını bizlere gösterir. İncil altından, gümüşten, ahşaptan ve kilden kapların kıyasını verir (2. Timoteos 2:20-21).

Hepside aynı Tanrı sözünü dinler ama farklı duyarlar. Bazısı 'Âmin' diyerek iman ederken, diğerleri kendi düşünceleriyle uyum içinde olmadığından uçup gitmesine izin verirler. Bazıları içten bir yürekle dinleyip uygulamaya çabalarken, diğerleri mesajla kutsanmış hissetmelerine rağmen kısa zamanda unuturlar.

Bu farklılıklar, kabın özelliğinin farklılığından kaynaklanır.

Eğer duyduğunuz Tanrı'nın sözüne odaklanırsanız, uykulu ve odaklanmadan duyduğunuzdan farklı şekilde yüreklerinize ekilecektir. Aynı mesajı dinliyor olsanız bile, yüreklerinizin derinliklerinde muhafaza etmekle salt duymak arasında çok farklı bir sonucu olacaktır.

Elçilerin İşleri 17:11 ayeti şöyle der: "Veriya'daki Yahudiler Selanik'tekilerden daha açık fikirliydi. Tanrı sözünü büyük ilgiyle karşılayarak her gün Kutsal Yazılar'ı inceliyor, öğretilenlerin doğru olup olmadığını araştırıyorlardı." İbraniler 2:1 ayeti bize şöyle der: "Bu nedenle, akıntıya kapılıp sürüklenmemek için işittiklerimizi daha çok önemsemeliyiz."

Eğer sebatla Tanrı'nın sözünü dinler, aklınızda tutar ve olduğu gibi uygularsanız, kabınızın özelliğinin iyi olduğunu söyleyebiliriz. İyi özellikte kabı olanlar, Tanrı'nın Sözüne itaat ettiklerinden yüreklerinde iyi toprağı hızla yetiştirirler.

İyi toprakla benzeş yüreğe sahip olduklarından, doğal olarak Tanrı'nın sözünü yüreklerinin derinliklerinde muhafaza edecek ve uygulayacaklardır.

Kabın iyi özelliği, iyi toprağın yetiştirilmesine yardım ettiği gibi, iyi toprakta kabın iyi özellikte yetişmesine yardım eder. Luka 2:19 ayetinde, "Meryem ise bütün bu sözleri derin derin düşünerek yüreğinde saklıyordu." dediği gibi, Tanrı'nın sözünü aklında tuttuğu iyi bir kapa sahipti Meryem ve Kutsal Ruh'un sayesinde İsa Mesih'e gebe kalarak kutsandı.

1.Korintliler 3:9 ayeti şöyle der: "Biz Tanrı'nın emektaşlarıyız. Sizler de Tanrı'nın tarlası, Tanrı'nın binasısınız." Bizler, Tanrı'nın yetiştirdiği bir tarlayız. İyi toprakla benzeş temiz ve iyi yüreklere, altın kapla benzeş iyi kaplara sahip olabiliriz. Tanrı'nın Sözünü dinler, aklımızda tutar ve uygularsak, Tanrı'nın soylu amaçları için kullanılabiliriz.

### Yüreğin Özelliği: Kabın Büyüklüğü

Kabın özelliğiyle ilişkili bir başka kavram daha vardır. O da, bir kişinin yüreğini ne kadar genişletip kullandığıyla ilgilidir. Kabın özelliği, kabın materyaliyle alakalıdır; Yüreğin özelliğiyse kabın büyüklüğüyle alakalıdır. Dört çeşide ayrılır.

İlk kategoride, yapmaları gerekenden fazlasını yapanlar vardır. Bu, en iyi özellikteki yürektir. Örneğin ebeveynler, yerdeki çöpü çocuklarından kaldırmalarını isterler, ama çocuklar yerdeki çöpü kaldırmakla kalmaz, odayı da temizlerler. Anne-babalarının beklentilerini aşarak onların sevinç kaynağı olurlar. İstefanos ve Filipus sadece diyakozlardı ama elçiler kadar sadık ve kutsaldılar. Tanrı'yı hoşnut ettiler ve büyük güç, harikalar ve belirtiler ortaya koydular.

İkinci kategoride, sadece yapmaları gerekeni yapanlar

bulunur. Bu tür insanlar kendi sorumluluklarını yüklenir ama diğer insanları veya çevrelerini umursamazlar. Ebeveynleri, çöpü toplamalarını istediğinde, çöpü toplarlar. İtaatkâr olarak bilinirler ama Tanrı'ya büyük bir sevinç kaynağı olamazlar. Kilisedeki bazı inanlılarda da bu kategoriye düşer; sadece görevlerini yerini getirir ve diğer şeylerle ilgilenmezler. Bu tür insanlar, Tanrı'nın nazarında gerçekten büyük bir sevinç kaynağı olmazlar.

Üçüncü kategoride, yapmaları gerekeni bir görev duygusuyla yapanlar gelir. Sevinç ve şükranla değil, ama şikâyet ve homurtuyla görevlerini yerine getirirler. Böyle insanlar her şeyde olumsuzdur ve kendilerini feda etmekte ve başkalarına yardım etmekte cimridirler. Onlara belli görevler verildiğinde görev duygusuyla yaparlar, ama yaparken başkalarına zorluk çıkarmaları olasıdır. Tanrı yüreklerimize bakar. Zoraki ya da bir görev duygusuyla değil, ama Tanrı'ya olan sevgiyle kendi irademizle görevlerimizi yerine getirdiğimizde Tanrı hoşnut olur.

Dördüncü kategori, kötülük yapanlardır. Bu tür insanların ne sorumluluk ya da görev duygusu ne de başkalarına karşı saygısı olmaz. Kendi düşünce ve teorilerinde ısrar eder ve başkalarına zorluk çıkarırlar. Eğer bu insanlar, kilise cemaatini gözeten pederler veya liderler ise, onları sevgiyle gözetemezler ve böylece onları kaybeder ya da tökezlemelerine neden olurlar. Olumsuz sonuçlar için hep başkalarını suçlar ve sonunda görevlerinden ayrılırlar. Bu yüzden onlara en baştan görev verilmemesi daha iyidir.

Şimdi yüreğin hangi özelliğine sahip olduğumuza göz atalım. Yüreğimiz yeterince geniş olmasa bile onu geniş bir yüreğe dönüştürebiliriz. Bunu yapmak için basit bir şekilde yüreğimizi kutsallaştırmalı ve iyi özellikte bir kaba sahip olmalıyız. Kötü özellikte bir kaba sahip olarak yüreğin iyi özelliğine sahip olamayız. Her işe sadakat ve tutkuyla kendimizi vermemiz de yüreğin iyi bir özelliğini yetiştirme yoludur.

Yüreğin iyi özelliğine sahip olanlar, Tanrı'nın huzurunda büyük şeyler yapabilir ve Tanrı'yı oldukça yüceltebilirler. Kendi öz kardeşlerinin elleriyle Mısır'a satılan ve Firavun'un muhafız birliği komutanı Potifar`a köle olan Yusuf için durum böyleydi. Fakat bir köle olarak satıldığı için yaşamına dövünmedi. Görevlerini öylesine sadakatle yerine getirdi ki Potifar'ın güvenini kazandı ve evin tüm işlerinde sorumluluk kendisine verildi. Daha sonra haksız yere suçlanıp zindana atıldı ama daha önceden olduğu gibi orada da sadık kaldı ve sonunda tüm Mısır'ın yöneticisi oldu. Ülkeyi ve ailesini şiddetli kıtlıktan kurtardı ve İsrail ülkesinin kurulması için temeli attı.

Yüreğin iyi özelliğine sahip olmasaydı, sadece kendisine efendisi tarafından verileni yapardı. Mısır'da bir köle olarak ölür ya da zindanlardan çürürdü. Fakat Yusuf, her koşulda Tanrı'nın nazarında en iyisi olduğundan ve geniş bir yürekle hareket ettiğinden Tanrı tarafından oldukça kullanıldı.

### Buğday mı, Yoksa Saman mı?

Tanrı, Âdem'in günahından bu yana insanları uzunca bir zamandır fiziksel uzamda yetiştirmektedir. Zamanı geldiğinde buğdayı samandan ayıracak, buğdayı göksel egemenliğe alacak ve samanı da cehenneme atacaktır. Matta 3:12 ayeti şöyle der: "Yabası elindedir. Harman yerini temizleyecek, buğdayını toplayıp ambara yığacak, samanı ise sönmeyen ateşte yakacak."

Burada buğdaydan kasıt, Tanrı'yı seven ve gerçekte yaşayarak Tanrı'nın sözünü uygulayanlardır. Tanrı'nın sözü yerine gerçeğe aykırı olarak kötülükte yaşayanlar, İsa Mesih'e iman etmeyenler ve benliğin işlerini işleyenler samandır.

Tanrı, herkesin buğday olmasını ve kurtuluşu almasını ister (1. Timoteos 2:4). Tıpkı tarlaya ekilen tüm tohumların hasadını almak isteyen bir çiftçi gibidir. Fakat hasat zamanı her zaman samanlar olur ve dolayısıyla insanın yetiştirilmesi sürecinde herkes kurtulacak buğday olmayacaktır.

İnsanın yetiştirilmesinde bu noktayı anlamazsak, "Tanrı'nın sevgi olduğu söylenir. Öyleyse neden bazılarını kurtarırken, diğerlerini yok etsin?" gibi sorular bazıları sorabilir. Fakat bireysel kurtuluş, Tanrı'nın kendi beğenisine kalarak aldığı bir karar değildir. Her bireyin özgür iradesine kalmıştır. Fiziksel uzamda yaşayan herkes, göksel egemenliğe ya da cehenneme giden yol arasında seçim yapmak zorundadır.

İsa, Matta 7:21 ayetinde şöyle demiştir:" Bana, `Ya Rab, ya Rab!` diye seslenen herkes Göklerin Egemenliği`ne girmeyecek. Ancak göklerdeki Babam`ın isteğini yerine getiren girecektir." Ve Matta 13:49-50 ayetlerinde şöyle der: "Çağın sonunda da böyle olacak. Melekler gelecek, kötü kişileri doğruların arasından ayırıp kızgın fırına atacaklar. Orada ağlayış ve diş gıcırtısı olacaktır."

Burada geçen 'doğrular' inanlıdırlar. Tanrı, inanlılar arasından samanı buğdaylardan ayıracaktır. Eğer Tanrı'nın isteğini izlemiyorlarsa, İsa Mesih'e iman etmelerine ve kiliseye gitmelerine rağmen hala kötüdürler. Cehennem ateşine atılacak samanlardan ibarettirler.

Tanrı; Yaratan Tanrı'nın yüreğini, insanın yetiştirilmesinin takdiri ilahisini ve yaşamın gerçek amacını bizlere Kutsal Kitap aracılığıyla öğretir. Bizlerden iyi bir kabın özelliğini yetiştirmemizi ve Tanrı'nın gerçek çocukları, yani göksel egemenliğin buğdayları olarak ortaya çıkmamızı ister. Fakat kaç insan, günah ve haksızlıkla dolu bu dünyada anlamsız şeyler peşinde koşar? Koşarlar çünkü canları tarafından kontrol edilmektedirler.

Ruh, Beden ve Can: 1. Cilt

2. Kisim

# Canın Oluşumu
(Canın Fiziki Uzamda İşleyişi)

İnsanın düşünceleri Nereden Gelir?
Canım Gönenç İçinde mi?

> "Safsataları, Tanrı bilgisine karşı diklenen her engeli yıkıyor, her düşünceyi tutsak edip Mesih'e bağımlı kılıyoruz. Mesih'e tümüyle bağımlı olduğunuz zaman, O'na bağımlı olmayan her eylemi cezalandırmaya hazır olacağız."
> (2. Korintliler 10:5-6)

## 1. Bölüm
# Canın Oluşumu

İnsanın ruhunun öldüğü andan itibaren, fiziksel uzamda yaşayan canı, insanın efendisinin yerini aldı. Canı, Şeytan'ın etkisi altına girdi ve insanlarda canın çeşitli işlevleri ortaya çıktı.

1. Canın Tanımı

2. Canın Fiziki Uzamdaki Çeşitli İşlevleri

3. Karanlık

Ekolokasyon sistemiyle avlarını bulan yarasa gibi canlıları, doğup büyüdükleri yerlere dönmek için binlerce mil kat eden somon ve türlü kuşları ve dakikada takriben bin defa ahşabı gagalayan ağaçkakan kuşunu gördüğümüzde, Tanrı'nın yaratışının harikalarını da görürüz.

İnsan, tüm bu şeylere hükmetmek için yaratılmıştır. İnsanın dış görünüşü, aslanlar ya da kaplanlar kadar güçlü değildir. İşitsel ya da koku alma duyuları, köpekler kadar keskin değildir. Fakat yinede tüm yaratılmışların efendisi diye çağrılır.

Çünkü ruhları ve yüksek seviyelerde beyin fonksiyonlarıyla muhakeme güçleri vardır. İnsan, zekâ sahibidir ve tüm şeyleri yönetmek için bilim ve medeniyet geliştirebilirler. Bu, insanın 'can' ile ilişkili düşünen parçasıdır.

## 1. Canın Tanımı

Beynin hafıza aygıtı, hafızanın içerdiği bilgi ve bilgiye dönerek alınan düşüncelerin hepsine 'can' denir.

Ruh, can ve bedenin ilişkisini net bir şekilde anlamak zorunda oluşumuzun sebebi, canın işlevlerini daha iyi anlamamız içindir. Bunu yaparken Tanrı'nın arzuladığı çeşitteki canın işlevini geri kazanabiliriz. Canın aracılığıyla Şeytan'ın kontrol etmesinden uzak durmak için ruhlarımız efendilerimiz olmalı ve canlarımızı yönetmelidir.

Merriam-Webster Sözlüğü'nün 'can' tanımı şöyle verilir: Bir bireyin maddi olmayan özü, yaşamayı sağlayan ve harekete geçiren nedeni; insanlarda bulunan ruhani öz, tüm rasyonel ve ruhani varlıklar ya da evren. Fakat Kutsal Kitap'taki anlamı bundan farklıdır.

Tanrı, insanların beynine bir hafıza aygıtı yerleştirmiştir. Beynin, hatırlama fonksiyonu vardır. Bu şekilde insanlar bu depo aygıta bilgi koyup sonradan bu bilgiyi çıkarabilir. Hafıza aygıtındaki içeriğin çıkarılmasına 'düşünce' deriz. Kısaca düşünce, hafızaya yerleşen şeylerin çıkarılması ve hatırlanmasıdır. Hafıza aygıtı, onun içerdiği bilgi ve bir bütün olarak bilginin çıkarılması, can olarak adlandırılır.

İnsanın canı, veri depolayan, veriyi arayan ve ondan faydalanılan bir bilgisayarla kıyaslanabilir. İnsanların canı olduğu için hatırlayabilir ve düşünebilirler; bu yüzden can, kalp insan için ne kadar önemliyse o kadar önemlidir.

Bir kişinin gördüğü, duyduğu ve aldığı verinin çokluğu ve o veriyi ne kadar iyi hatırlayıp ondan faydalandığına göre bir kişiyi diğerlerinden ayıran hafıza gücü ve zekâsı oluşur. Zekâ Katsayısı ya da IQ çoğunlukla kalıtımsal yoldan geçer ama ayrıca okuma ve tecrübe kazanımlarıyla da değişebilir. Aynı IQ seviyesiyle doğan iki insanın bile zekâ katsayıları uğraştıkları oranda farklılık gösterebilir.

## Canın İşlevinin Önemi

Canın işlevi, hafıza aygıtına yerleştirdiğimiz içeriklerin türüne göre farklıdır. İnsanlar her gün bazı şeyleri görür, duyar, hisseder ve onları hatırlar. Daha sonra geleceği planlamak ya da akıl yürütmek ve iyiyle kötüyü ayırmak için hatırlarlar.

Beden, ruhu ve canı taşıyan bir kap gibidir. Can, bir insanın karakterinin, kişiliğinin ve 'düşünme' fonksiyonuyla yargı standardının oluşumunda önemli bir rol oynar. Bir kişinin başarısız ya da başarısızlığı, o kişinin canının işlevlerine büyük ölçüde bağlıdır.

Bu, 1920 yılında Hindistan'ın Kalküta şehrinin 110 km güneybatısında bulunan Kodamuri adlı köyde meydana gelen bir olaydır. Peder Singh ve eşi orada misyonerlerdi ve bazı yerlilerden insana benzeyen ve kurtlarla birlikte mağaralarda yaşayan canavarları işittiler. Peder Singh'in yakaladığı canavarlar iki insan görünüşlü kızdı.

Peder Singh'in tuttuğu günlüğe göre kızlar sadece görüntü olarak insandı. Tüm davranışları kurtların davranışlarıyla aynıydı. Bir tanesi kısa zamanda öldü ve Singhlerle birlikte dokuz yıl yaşayan ve Gamara adı verilen kız, üremi adı verilen Bir kan zehirlenmesi sonucu öldü.

Gündüzleri karanlık bir odada hiç kıpırdamadan yüzünü duvara çeviren Gamara bitkin düşerek uyuyor, geceleri ise evin içinde dört ayağının üzerinde yürüyüp tıpkı uzaktan sesleri duyulan gerçek kurtlar gibi olabildiğince sesli uluyordu. Ellerini kullanmak yerine yiyecekleri yalıyordu. Ellerini kullanarak kurtlar gibi pençelerinin üzerinde koşuyordu. Çocuklar yanına yaklaştığında dişlerini göstererek hırlıyor ve orayı terk ediyordu. Singhler bu kurt kızı gerçek bir insana dönüştürmek için uğraş verdiler ama kolay değildi. Ancak üç yıl geçtikten sonra elleriyle yemeye başladı. Beş yıl geçtikten sonra üzüntü veya sevinç gibi yüz ifadeleri yapmaya başladı. Gamara'nın öldüğü zaman ifade edebildiği hisleri, sahiplerini gördüklerinde kuyruklarını sevinçle sallayan köpeklere benzer şekilde temeldi.

Bu hikâye, canın insanları insan yapmakta doğrudan etkisi olduğunu bizlere anlatır. Gamara, kurtların davranışlarını görerek büyümüştü. İnsanlar için ihtiyaç duyulan bilgiyi alamadığından, canı gelişememişti. Kurtlar tarafından yetiştirildiğinden, kurt gibi davranmaktan başka çaresi olmamıştı.

### İnsanla Hayvanlar Arasındaki Fark

İnsanlar ruh, can ve bedenden meydana gelir. Bunların arasında en önemli olanı ruhtur. İnsanın ruhu, Ruh olan Tanrı tarafından bahşedilir ve asla yok olmaz. Beden ölür ve bir avuç toprağa dönüşür; ama ruh ve can kalarak ya göksel egemenliğe ya da cehenneme gider.

Tanrı, hayvanları yarattığında, insanlara yaptığı gibi onlara yaşam nefesini üflemedi. Dolayısıyla hayvanlar sadece beden ve candan meydana gelir. Hayvanlarında beyinlerinde hafıza birimi bulunur. Yaşamları süresince görüp duyduklarını hatırlayabilirler. Fakat ruhları olmadığından, ruhani yürekleri olmaz. Gördükleri ve duydukları sadece beyin hücrelerinin anı toplama biriminde bulunur.

Vaiz 3:21 ayeti şöyle der: "Kim biliyor insan ruhunun yukarıya çıktığını, hayvan ruhunun aşağıya, yeraltına indiğini?" Orijinal Vaiz ayetinde 'İnsanın nefesi' olarak geçen ve Türkçeye 'insan ruhu' olarak çevrilen bu ayetteki 'insanın nefesi' ibaresiyle anlatılmak istenen insanın canıdır. İsa'nın yeryüzüne gelmemiş olduğu Eski Ahit döneminde, insanlarda bulunan ruh ölüydü. Bu yüzden kurtulmuş olsunlar ya da olmasınlar, öldükleri zaman 'nefeslerinin' ya da 'canlarının' onları terk ettiği söylenirdi. İnsanın canının 'yukarı çıkması', canlarının yok olmadığı ama göksel egemenlik veya cehenneme gittiği anlamına gelir. Diğer yandan hayvanların canı aşağıya yer altına iner ki, bu da yitip gittiği anlamına gelir. Hayvanlar öldüğünde beyin hücreleri de ölür ve beyinlerindeki içerikler de yok olur. Canın işlevlerine artık sahip olmazlar. Bazı mit ya da hikâyelerde kara kediler ya da yılanlar insanlardan intikam alırlar ama böyle hikâyeler gerçek değildir.

Hayvanlarda canın işleyişine sahiptir ama bu, hayatta

kalmaları için gerekli olan sınırlı bir işlevdir. İçgüdünün bir sonucudur. Onlarda içgüdüsel bir ölüm korkusu vardır. Tehdit altında direnç ya da korku gösterebilirler ama asla intikam almazlar. Hayvanların ruhu yoktur; dolayısıyla asla Tanrı'yı aramazlar. Balıklar hiç yüzerken Tanrı'yla bir araya gelmenin yollarını arar mı? Oysa insanlarda canın işlevi, hayvanlardan ok daha karmaşık bir şekilde tamamen farklı bir boyutta seyreder. İnsanların basitçe içgüdüsel bir şekilde hayatta kalma düşüncelerinden farklı bir düşünce kapasitesi vardır. Medeniyetler kurabilir, yaşamın anlamı üzerine düşünebilir veya felsefi ve dini düşünceler geliştirebilirler.

İnsan, çok daha yüksek bir boyutta canın işlevine sahiptir çünkü bedeni ve canı yanında ayrıca ona ruhta bahşedilmiştir. Hatta Tanrı'ya inanmayan insanların bile ruhları vardır. Bu, bir ölçüye kadar ruhani dünyayı belli belirsiz algılamalarını ve ölümden sonra gelecek yaşamdan korkmalarını açıklar. Ölüden farksız bir ruhla tamamen canın kontrolünde olurlar. Canın kontrolünde günah işler ve bunun sonucunda sonunda cehenneme düşerler.

### Canın İnsanı

Âdem yaratıldığında Tanrı'yla iletişim kuran ruhani bir varlıktı. Yani ruhu efendisiydi ve canı da ruhuna itaat eden kulu gibiydi. Kuşkusuz ki canı, hatırlama ve düşünme fonksiyonuna sahipti; fakat gerçek olmayan ve kötülük olmadığından, canı sadece Tanrı'nın Sözüne itaat eden ruhun talimatlarını izledi.

Fakat iyilikle kötülüğün bilgisini taşıyan ağaçtan yedikten sonra Âdem'in ruhu öldü ve Şeytan'ın kontrol ettiği canın insanı oldu. Gerçeğe ait olmayan düşünce ve eylemleri almaya başladı. Artık insan gerçekle arasına giderek mesafe koyduğundan Şeytan canlarını kontrol etmekte ve onları gerçeğe ait olmayan yola taşımaktadır. Bu yüzden canın insanları, ruhları ölü olan insanlardır ve Tanrı'dan ruhun hiçbir bilgisini alamazlar.

Ruhları ölü olan canın insanları, kurtuluşu alamazlar. Erken kilise döneminde yaşayan Hananya ve Safira için durum böyleydi. Tanrı'ya inanıyorlardı ama gerçek iman sahibi değillerdi. Şeytan'ın kışkırtmasıyla Kutsal Ruh'a ve Tanrı'ya yalan söylemiş oldular. Peki, onlara ne oldu?

Elçilerin İşleri 5:4-5 ayetleri şöyle der: "'Sen insanlara değil, Tanrı'ya yalan söylemiş oldun. Hananya bu sözleri işitince yere yıkılıp can verdi. Olanları duyan herkesi büyük bir korku sardı."

Sadece 'can verdi' yazılmış olduğu için onun kurtulmamış olduğu sonucunu çıkarabiliriz. Diğer yandan İstefanos, Tanrı'nın isteğine itaat eden ruhun insanıydı. Kendisini taşlayanlar için dua edecek kadar büyük bir sevgisi vardı. Şehit düşerken 'ruhunu' Rab'bin ellerine teslim etti.

Elçilerin İşleri 7:59 ayeti şöyle der: "İstefanos taş yağmuru altında, "Rab İsa, ruhumu al!" diye yakarıyordu.'" İsa Mesih'e iman ederek Kutsal Ruh'u almıştı ve ruhu dirilmişti. Bu yüzden, "...ruhumu al!" diye dua etti. Bu, kurtulmuş olduğu anlamını taşır. 'Can' ya da 'ruh' yerine 'yaşam' yazan bir ayet vardır. İlyas, Sarefatlı dulun oğlunu dirilttiğinde çocuğun yaşamının geri döndüğü yazılır. "RAB İlyas'ın yalvarışını duydu. Çocuk dirilip yeniden yaşama döndü." (1. Krallar 17:22).

Bahsedildiği gibi Eski Ahit döneminde insanlar Kutsal Ruh'u almamışlardı ve ruhları dirilemiyordu. Bu yüzden Kutsal Kitap, çocuk kurtulmuş olsa dahi 'ruh' kelimesini kullanmaz.

Tanrı Neden Tüm Amaleklilerin Yok edilmesini buyurmuştur?

İsrailoğulları Mısır'dan çıkıp Kenan'a doğru ilerlediklerinde, karşılarına Amaleklilerin ordusu çıktı. Mısır'da ortaya konmuş olan Tanrı'nın büyük işlerini duymuş olmalarına rağmen İsrailoğullarıyla birlikte olan Tanrı'dan korkmuyorlardı. Yorgun ve bitkin düşen İsrailoğullarına saldırmış ve geride kalan tüm güçsüzleri öldürmüşlerdi (Yasa'nın Tekrarı 25:17-18).

Bu yüzden Tanrı, Kral Saul'e tüm Ameleklileri öldürmesini buyurmuştu (1 Samuel 15. bölüm). Tanrı, tüm erkekleri, kadınları, çocukları ve hayvanları öldürmesini buyurmuştu.

Eğer ruhu anlamazsak, böylesi bir buyruğu da anlayamayız. "Tanrı iyidir ve sevgidir. Tıpkı hayvanlar gibi insanların zalimce öldürülmesini neden buyurmuştur?" gibi sorular sorulabilir.

Fakat eğer bu olayın ruhani önemini anlarsanız, o zaman Tanrı'nın bunu neden buyurduğunu da anlarsınız.

Hayvanlarında hafıza gücü vardır; eğitildiklerinde hatırlar ve efendilerine itaat ederler. Fakat ruhları olmadığından, bir avuç toprağa dönüşeceklerdir. Tanrı'nın nazarında hiçbir değerleri yoktur. Aynı şekilde ruhları ölü olanlar ve kurtulamayanlarda cehenneme düşeceklerdir; ruhsuz hayvanlar gibi onlarında Tanrı'nın nazarında bir değerleri yoktur.

Özellikle Amalekliler hilebaz ve zalimdiler. Onlara ne zaman verilmiş olursa olsun, dönme ve tövbe etme şansını kullanmadılar. Doğru olan ya da gittikleri yoldan dönüp tövbe etme olasılığı olan biri olmuş olsaydı, Tanrı onları her şekilde kurtarmayı denerdi. Tanrı'nın kentteki on doğru insan için pisliğe batmış Sodom ve Gomora'yı yok etmeme vaadini hatırlayın.

Tanrı merhametle doludur ve öfkede yavaştır. Fakat ne kadar zaman verilmiş olursa olsun Amaleklilerin kurtuluşu almak için hiçbir şansları kalmamıştı. Buğday değil ama yok olmaya mahkûm samandılar. İşte bu yüzden Tanrı'ya karşı duran tüm Amaleklilerin yok edilmesini buyurmuştur.

Vaiz 3:18 şöyle der: "İnsanlara gelince, "Tanrı hayvan olduklarını görsünler diye insanları sınıyor" diye düşündüm.'" Tanrı onları sınadığında hayvanlardan farksızdılar. Ruhları ölü olanlar sadece can ve bedenleriyle iş görürler, dolayısıyla tıpkı hayvanlar gibi davranırlar. Kuşkusuz ki günahla dolu günümüz dünyasında hayvanlarda daha beter durumda olan pek çok insan vardır. Elbette ki kurtulamazlar. Hayvanlar öldüklerinde sadece yitip giderler. Fakat insanlar kurtulamadıkları takdirde cehenneme giderler. Sonuç itibarıyla hayvanlardan çok daha kötü durumda olurlar.

## 2. Canın Fiziki Uzamdaki Çeşitli İşlevleri

Orijinal insanda ruh, insanın efendisiydi. Fakat Âdem'in günahıyla ruhu öldü. Ruhani enerji akmaya başladı ve yerini benliğin enerjisi aldı. O andan itibaren gerçek olmaya ait olan canın işlevi başlamış oldu.

Canın işlevinin iki türü vardır. Biri benliğe, diğer ise ruha aittir. Âdem yaşayan bir ruh olduğunda sadece Tanrı'dan gelen gerçeği alıyordu. Bu şekilde sadece ruha ait bir canın işlevlerine sahipti. Kısaca canının bu işlevleri gerçeğe aitti. Fakat ruhu öldüğünde gerçek olmayana ait canın işlevleri başladı.

Luka 4:6 ayeti şöyle der: " Ve sonra İblis İsa'ya, "Bütün bunların yönetimini ve zenginliğini sana vereceğim" dedi. "Bunlar bana teslim edildi, ben de dilediğim kişiye veririm.' dedi" Bu, iblisin İsa'yı test ettiği bir sahnedir. İblis, tüm yönetimin kendisine verildiğini ve kendisine teslim edildiğini söyler. Âdem, tüm varlıkların efendisi olarak yaratıldı ama günaha boyun eğdiği için iblisin bir kölesi oldu. Bu sebeple Âdem'in yetkisi iblis ve şeytan'a devredildi. O zamandan beri can, insanın efendisi olmuş ve tüm insanlar, düşman iblis ve Şeytan'ın yönetimine girmiştir.

Şeytan, ruhu ya da insanın gerçekle dolu yüreğini yönetemez. Yüreğini almak için insanın canını kontrol eder. Şeytan, insanın kafasına gerçek olmayan bir yığın düşünce koyar. İnsanın canının işlevini eline geçirdiği ölçüde insanın yüreğini de kontrol eder.

Yaşayan bir ruh olan Âdem'de sadece gerçeğin bilgisi vardı dolayısıyla yüreği ruhunun kendisiydi. Fakat Tanrı'yla iletişimi koptuğundan gerçeğin bilgisini ya da ruhsal enerjiyi daha fazla alamaz oldu. Onun yerine Şeytan'ın sağladığı gerçek olmaya ait bilgiyi canı yoluyla almaya başladı. Gerçeğe ait olmayan bu bilgi, insanların yüreğinde gerçeğe ait olmayan yüreği oluşturmaya başladı.

### Benliğe Ait Canın İşlevini Yok edin

Asla söyleyip yapamayacağınızı düşündüğünüz bir takım sözleri açıkça söylediniz ya da yaptınız mı? Bu, insanlar can tarafından kontrol edildiği için olur. Can ruhu kapladığından, ruhumuz ancak benliğe ait canın işleyişini kırdığımızda aktif olabilir. Öyleyse benliğe ait canın işlevini nasıl yok edebiliriz? En önemli şey, bilgi ve fikirlerimizin doğru olmadığını kabul etmektir. Ancak o zaman fikirlerimizden farklı olan gerçeğin Sözünü kabul etmeye hazır oluruz.

İsa, insanların yanlış fikirlerini yok etmek için benzetmeler kullanmıştı (Matta 13:34). Yaşam tohumları canlarıyla boğulduğundan ruhsal şeyleri anlayamıyorlardı; bu yüzden İsa, bu dünyanın şeyleriyle ilgili benzetmeler aracılığıyla anlamalarını sağlamaya çalıştı. Fakat ne Ferisiler ne de öğrencileri İsa'yı anlayamadı. Her şeyi, standart sabit fikirler ve gerçek olmayan benliğin düşünceleriyle yorumladılar ve böylece ruhsal olan hiçbir şeyi anlamadılar.

Bu zamanın yasa koyucuları, Şabat günü hasta bir adamı iyileştirdiği için İsa'yı suçladılar. Sağduyuyla düşünecek olursanız, ancak Tanrı'nın ortaya koyabileceği gücü ortaya koyabilmiş olduğu için İsa'nın Tanrı tarafından tasdik edilmiş ve sevilmiş bir adam olduğunu anlayabilirsiniz. Fakat ileri gelenlerin töreleri ya da kendi düşünce çerçeveleri yüzünden yasa koyucular Tanrı'nın yüreğini anlayamadılar. İsa, onların yanlış fikir ve kendilerine özgü kavramsallaştırmalarını anlamalarını sağlamaya çalıştı.

Luka 13:15-16 ayetleri şöyle der: "Rab ona şu karşılığı verdi: "Sizi ikiyüzlüler! Her biriniz Şabat Günü kendi öküzünü ya da eşeğini yemlikten çözüp suya götürmez mi? Buna göre, Şeytan'ın on sekiz yıldır bağlı tuttuğu, İbrahim'in bir kızı olan bu kadının da Şabat Günü bu bağdan çözülmesi gerekmez miydi?'"

Bunu söylediğinde tüm muhalifler küçük düşürülmüş hissetti. Ve tüm kalabalık, İsa'nın ortaya koyduğu görkemli şeyle için sevinç içindeydi. Aslında yanlış düşünce yapılarını kavramaları için bir şansları vardı. İsa, insanların düşüncelerini yıkmaya çalıştı çünkü ancak düşünceleri tuzla buz olduğunda yüreklerini açabilirlerdi.

Vahiy 3:20 ayetini inceleyelim:

İşte kapıda durmuş, kapıyı çalıyorum. Biri sesimi işitir ve kapıyı açarsa, onun yanına gireceğim; ben onunla, o da benimle, birlikte yemek yiyeceğiz.

Bu ayette 'kapı', düşüncelerin kapısını, bir diğer deyişle canı simgeler. Rab, gerçeğin Sözüyle düşüncelerimizin kapısını çalar. Eğer o an düşüncelerimizin kapısını açarsak; yani canımızı yıkar ve Rab'bin sözünü alırsak, yüreğimizin kapısı açılır. Bu şekilde Sözü yüreklerimize geldiğinde, Tanrı'nın Sözünü uygulamaya başlarız. Bu, Rab'le yemek yemektir. Kendi düşüncelerimiz ve fikirlerimizle uyuşmuyor olsa da, 'Âmin' diyerek O'nun sözünü alırsak, o zaman canın gerçeğe ait olmayan işlevini yıkabiliriz.

Açıklanmış olduğu gibi, önce düşüncelerimizin kapısını ve sonra yüreğimizin kapısını açmalıyız ki, insanın canının çevrelediği yaşam tohumuna müjde ulaşabilsin. Bu, bir başkasının evine ziyarete gitmek gibidir. Evin dışındaki ziyaretçinin ev sahibiyle bir araya gelmesi için kapıyı açmalı, eve girmeli ve oturma odasına girmek için bahçe kapısından geçmelidir.

Benliğe ait olan canın işlevlerini yok etmenin pek çok yolu vardır. Müjdeye iman etmek için insanların düşüncelerinin ve yüreklerinin kapısını açmalarını sağlarken, bazılarına mantıksal açıklamalar yapmak daha yerindeyken, diğerlerine Tanrı'nın gücünü göstermek ya da benzetmeler ve alegoriler vermek yerinde olacaktır. Ayrıca müjdeye iman etmiş insanların imanda büyümelerinde canın gerçeğe ait olmayan işlevlerini sürekli kırmaya ihtiyacımız vardır. İmanda ve ruhta büyümeye devam edemeyen pek çok inanlı vardır. Çünkü benliğe ait canın işlevleri nedeniyle ruhsal kavramalarında devamlılık olmaz.

## Anıların Oluşumu

Canın arzu edilebilir işlevlerine sahip olabilmemiz için, bilginin anılar olarak nasıl yerleşmiş olduğunu bilmeliyiz. Bazen kesinlikle bir şey görür ya da duyarız; ama daha sonra onunla ilgili pek bir şey hatırlamayız. Diğer yandan uzunca bir zaman geçmesine rağmen unutmadığımız bir şeyi gayet net hatırlarız. Bu fark, hafıza sistemimize yerleştirdiğimiz şeyler için kullandığımız yöntemlerden ileri gelir.

Hafızaya yerleştirme yönteminin ilki, farkında olmadan onu fark etmektir. Bir şeyi duyar ya da görürüz ama ona hiç mi hiç dikkat etmeyiz. Farz edelim ki trenle memleketinize gidiyorsunuz. Buğday ve diğer ürünlerin tarlalarını görüyorsunuz. Ama eğer kendi düşüncelerinizle meşgulseniz eve vardıktan sonra trendeyken neler gördüklerinizi pek hatırlamazsınız. Eğer öğrenciler ders sırasında hayal kuruyorlarsa, sınıfta neler anlatıldığını hatırlayamazlar.

İkinci olarak gelişigüzel yerleştirdiğiniz yöntemdir. Pencerenin dışında gördüğünüz buğday tarlalarını ebeveynlerinizle ilişkilendirebilirsiniz. Tarlayı gördüğünüzde tarımla uğraşan babanız aklınıza gelir ve daha sonra gördüklerinizi belli belirsiz hatırlarsınız. Yine bir sınıfta, öğrenciler öğretmenin neler söylediğini gelişigüzel hatırlarlar. Sınıftan hemen sonra duyduklarını hatırlarlar ama birkaç gün sonra unuturlar.

Üçüncüsü, hafızaya ekmektir. Eğer sizce tarımla uğraşan biriyseniz, buğday ve diğer tarlaları gördüğünüzde gördüklerinize dikkat edersiniz. Tarlalara ne kadar iyi bakıldığını ya da seraların nasıl inşa edildiğini dikkatlice görür ve sizde bunları kendi tarlalarınızda uygulamayı istersiniz. Dikkat eder ve gördüklerinizi beyninize ekersiniz; böylece evinize vardıktan sonra bile detayları hatırlayabilirsiniz. Ayrıca sınıfta öğretmenin, "Bu dersten sonra sınav olacağız. Her yanıtladığınız yanlış soru için beş puanınız düşecek" dediğini farz edin. O zaman öğrenciler muhtemelen dersi dikkatle dinleyecek ve anlatılanları aklında tutacaktır. Bu tarz bir hafıza, bir öncekilere kıyasla daha uzun sürer.

Dördüncüsünde ise hem beyninize hem de yüreğinize ekersiniz. Acıklı bir film izlediğinizi farz edin. Oyuncuya o kadar empati duyar ve hikâyeye o kadar dalarsınız ki, hüngür hüngür ağlarsınız. Böyle bir durumda hikâye sadece beyninize değil ama yüreğinize de yerleşir. Kısaca duygularla yüreğimize ve anı olarak da beynimize yerleşir. Gerek hafızamıza gerekse yüreklerimize yerleşenler, beyin hücreleri hasar görmediği sürece unutulmaz. Ayrıca beyin hasar görse bile yürekte olanlar hala kalmaya devam edecektir.

Eğer genç bir çocuk, annesinin trafik kazasında ölümüne şahit olursa, şoka girer. Böyle bir durumda manzara ve acı dolu hisler, yüreğine kazınır. Bunlar hem hafızasına hem de yüreğine kazındığından, unutması zorlaşır. Hatırlamanın dört yöntemini inceledik. Bunu gayet iyi anlamamız, canın işlevlerini kontrol etmemize yardım eder.

## Unutmayı İstediğiniz Halde Sürekli Hatırladığınız Şeyler

Bazen hatırlamayı istemediğimiz şeyleri sürekli hatırlarız. Nedeni nedir? Çünkü hislerle birlikte hem beynimize hem de yüreklerimize yerleşmiştir.

Birinden nefret ettiğinizi farz edin. Ne zaman onu düşünseniz nefretiniz yüzünden acı çekersiniz. Böyle bir durumda ilk önce Tanrı'nın Sözünü düşünmelisiniz. Tanrı, düşmanlarımızı bile sevmemizi söyler ve İsa, kendisini çarmıha gerenlerin bağışlanması için bile dua etmiştir. Tanrı'nın arzuladığı yürek, iyiliğin ve sevginin yüreğidir; dolayısıyla düşman iblis ve Şeytan'ın verdiği gerçeğe ait olmayan yüreği çekip çıkarmalıyız.

Pek çok vakada temel nedenleri inceleyecek olsak, başkalarından ufak sebepler yüzünden nefret etmekte olduğumuzu kavrarız. Eğer 1. Korintliler 13. bölümde bize başkalarının çıkarlarını gözetmeyi, kaba olmamayı ve onları anlamayı öğreten Tanrı'nın sözleriyle kendimizi gözden geçirecek olursak, Tanrı'nın Sözüne göre nelere itaat etmemiş olduğumuzu kavrayabiliriz. Doğru davranmadığımızı kavradığımızda, yüreklerimizdeki nefret yavaşça erir gider. En baştan iyiliği hisseder ve onu yerleştirirsek, kötü düşüncelerden acı çekmek için bir nedenimiz olmaz. Hatta başkaları sizin hoşlanmadığınız bir şeyi yapsa bile, "Bir nedenleri olmalı" diye düşünerek iyiliğin düşüncelerini yerleştirdiğiniz sürece kimseye nefret duymazsınız.

## Gerçeğe ait olmayanla birlikte yerleşenlerin neler olduğunu bilmeliyiz

Gerçeğe ait olmayan duygularla çoktan alınmış olan gerçeğe aykırı şeylerle ilgili ne yapmalıyız?

Eğer bir şey yüreğinizin derinliklerine ekilirse, bilinçli o şeyi düşünmeseniz bile hatırlarsınız. Bu durumda meseleyle ilişkili duyguları değiştirmeliyiz. Onu düşünmemeye çalışmak yerine, düşünceyi değiştirmeliyiz. Örneğin nefret ettiğiniz biriyle ilgili düşüncelerinizi değiştirebilirsiniz. Onun açısından düşünmeye başlayabilir ve bulunduğu konuma göre böyle davrandığını anlayabilirsiniz.

Ayrıca onun iyi yanlarını düşünebilir ve onun içinde dua edebilirsiniz. Yumuşak ve avutucu sözlerle o kişiyle konuşmaya çabalarken küçük bir hediye verebilir ve sevginin amellerini gösterebilirsiniz; o zaman nefret dolu duygular sevginin duygularına dönüşür. Ve o zaman o kişiyi düşündüğünüzde bir daha acı çekmezsiniz.

Rab'be iman etmeden önce yedi yıl hasta olduğum zamanlarda pek çok insandan nefret ediyordum. Hastalığımın çaresi yoktu ve yaşam umudundan mahrumdum. Sadece borçlar artıyordu ve ailem neredeyse beş parasızdı. Eşim para kazanmak zorundaydı ve külfet olduğumuz için akrabalarım aileme kucak açmadı. Erkek kardeşlerimle de aramız bozuldu. O zamanlar sadece zor durumumu düşündüm ve beni terk ettikleri için onlara içerledim. Sıklıkla eşyalarını toplayıp terk eden eşime karşıda garez besliyordum. Acı sözleriyle eşimin ailesi de duygularımı incitmişti. Onların hor bakışlarını üzerimde gördükçe onlara olan nefret ve küskünlüğüm arttı. Fakat bir gün tüm nefret ve içerlemelerim silinip gitti.

Rab'be iman edip Tanrı'nın Sözünü dinlediğimde, hatalarımı kavradım. Tanrı, düşmanlarımızı bile sevmemizi söyler ve bizlerin kefaret sunusu olarak Oğlunu vermiştir. Ben kim oluyordum da içerliyor, garez besliyordum! Onların acılarından düşünmeye başladım. Bir kız kardeşimin olduğunu ve kız kardeşimin eşinin de çalışamaz durumda olduğunu farz edin. Eve para getirmek için kız kardeşim çok çalışmak zorunda kalıyor olsun. Böyle bir durumda ben ne düşünürdüm? Onların acılarından düşünmeye başladığımda onları anlayabildim ve tüm suçun bende olduğunu kavradım.

Düşüncelerimi değiştirdikçe eşimin ailesine şükran duymaya başladım. Bazen bize pirinç ve diğer gerekli şeyleri tedarik etmişlerdi; bunun için minnetle doluydum. Ayrıca bu zor zamanların sayesinde Rab'be iman etmeye ve göksel egemenliği öğrenmeye başladım. Bunlar içinde minnetle doluydum. Düşüncelerimi değiştirdikçe hasta oluşuma ve eşimle tanışmış olmama şükran ettim. Tüm nefretim sevgiye dönüştü.

## Gerçeğe ait olmayan canın işlevleri

Eğer gerçeğe ait olmayan canın işlevlerine sahipseniz sadece kendinize değil ama çevrenizdekilere de zarar verebilirsiniz. Öyleyse günlük yaşantılarımızda kolayca tespit edebileceğimiz gerçeğe ait olmayan canın işlevlerinin sıradan hallerini inceleyelim.

İlki, başkalarını yanlış anlamak, diğer insanları anlayamamak ya da kabullenememektir.

İnsanların farklı zevkleri, değerleri ve neyin doğru olduğuyla ilgili farklı kavramlaştırmaları vardır. Bazıları parlak ve emsalsiz tasarımları giymeyi tercih ederken, diğerleri temiz ve sade giysileri tercih eder. Hatta aynı filmi bile bazıları ilginç bulurken, diğerleri sıkıcı bulur.

Bu farklardan dolayı farkına varmadan bizlerden çok farklı olanlara karşı huzursuz duygular hissetmeye başlarız. Bir kişi girişken ve açık bir kişiliğe sahiptir ve hoşlanmadıklarını doğrudan dile getirir. Bir başkası duygularını iyi ifade edemez ve her olasılığı detaylıca düşündüğünden bir şeye karar vermesi zaman alır. Bir önceki örneğe göre sonraki daha ağır ve yeterince atik görünmez ve diğerini fazla aceleci ve birazda agresif gördüğünden ondan kaçınmayı ister.

Benzetme olduğu gibi; eğer başkalarını anlayamaz veya onları kabullenemezsiniz, gerçeğe ait olmayan canın işlevine sahipsinizdir. Eğer sadece sevdiklerimizi sever ve sadece kendi bakış açımızın doğru olduğunu düşünürsek, başkalarını gerçekten anlayamaz ve kabul edemeyiz.

### İkincisi yargılamaktır

Yargılamak, kendi düşünce veya duygu yapınıza göre bir başkası hakkında sonuca varmaktır. Bazı ülkelerde yemek masasında otururken burnunuzu sümkürmek kabalıktır. Diğer ülkelerde ise hiç sorun olmaz. Bazı ülkelerde yemek tabağında yemek bırakmak kabalık iken, diğer ülkelerde nezaket kuralıdır.

Elleriyle yemek yiyen birini gören bir kişi, ona bunun temiz olup olmadığını sorar. Bunun üzerine şu yanıtı alır: " Ellerimi yıkadım. Dolayısıyla temiz olduklarını biliyorum. Fakat bu çatal ve bıçağın ne kadar temiz olduğunu bilmiyorum. Dolayısıyla benim ellerimden onlardan daha temiz." Büyüdüğümüz ortamlara ve öğrendiğimiz şeylere göre aynı durum için bile duygular ve düşünceler farklı olacaktır. Bu yüzden gerçek olmayan insanın standardına göre neyin doğru ve neyin yanlış olduğunu yargılamamalıyız.

Bazıları, başkalarının da aynı şeyi yapacağı yargısına kapılırlar. Yalan söyleyenler, başkalarının da söylediğini düşünür. Dedikodu yapmaktan zevk alanlar, başkalarının da bundan zevk aldığını düşünür.

Çok iyi tanıdığınız bir adamla kadının bir otelin önünde yan yana gördüğünüzü farz edin. O zaman, "Otelde birlikte olmuş olmalılar. Birbirlerine başka bir şekilde baktıklarını düşünürdüm" gibi yargıya varabilirler.

Fakat bu adamla kadının otelin kafesinde sohbet edip etmediklerini ya da sokakta birbirlerine rastlayıp rastlamadıklarını bilebilmenizin hiçbir yolu yoktur. Eğer onları yargılayıp suçlar ve böyle bir şeyi başkalarına yayarsanız, yalan bir söylenti yüzünden o kişiler büyük bir haksızlığa, kayba ya da zarara uğrayabilirler.

Konuyla alakası olmayan yanıtlarında kaynağı yargılamaktır. Sıklıkla işe geç gelen birine, "Bu gün kaçta işe geldin?" diye sorduğunuzda, "Bu gün gecikmedim" diye bir yanıt alabilirsiniz. Oysa onun saat kaçta geldiğini sordunuz ama o, kendinden oldukça emin bir şekilde sizin onu yargıladığınızı düşündü ve tamamen alakasız bir yanıtla size karşılık verdi.

1.Korintliler 4:5 ayeti şöyle der: "Bu nedenle, belirlenen zamandan önce hiçbir şeyi yargılamayın. Rab'bin gelişini bekleyin. O, karanlığın gizlediklerini aydınlığa çıkaracak, yüreklerdeki amaçları açığa vuracaktır. O zaman herkes Tanrı'dan payına düşen övgüyü alacaktır."

Dünyada sadece bireysel bazda değil, ama ayrıca ailevi, toplumsal, siyasi ve hatta ülkeler bazında pek çok suçlamalar ve yargılamalar yapılır. Bu tarz kötülükler sadece çekişmeye neden olur ve mutsuzluk getirir. İnsanlar oldukça yargılayıcıdırlar ama bu gerçeğin farkına varmazlar. Kuşkusuz ki bazen yargılamaları doğru olabilir ama pek çok vakada değildir. Haklı olsalar bile yargılamak kötülüktür ve Tanrı tarafından yasaklanmıştır. Bu yüzden yargılamamalıyız.

### Üçüncüsü suçlamaktır

İnsanlar sadece başkalarını kendi düşünceleriyle yargılamakla kalmazlar ama ayrıca onları suçlarlar. Bazı insanlar, internet ortamında haklarında düşmanca yapılan yorumlar yüzünden ağır ruhsal acılar çekerler. Yargılamak ve suçlamak, günlük yaşamlarımızda sıklıkla yer alır. Eğer bir kişi size selam vermeden yanınızdan geçiyorsa, sizi kasıtlı olarak görmemezlikten geldiği için suçlayabilirsiniz. Belki sizi tanıyamadı ya da kendi düşüncelerinin içine dalmıştı. Ama siz dosdoğru kendi duygularınızla yargılarsınız.

Bu yüzden Yakup 4:11-12 ayetleri bizi uyarır:

Kardeşlerim, birbirinizi yermeyin. Kardeşini yeren ya da yargılayan kişi, Yasa'yı yermiş ve yargılamış olur. Yasa'yı yargılarsan, Yasa'nın uygulayıcısı değil, yargılayıcısı olursun. Oysa tek Yasa koyucu, tek Yargıç vardır; kurtarmaya da mahvetmeye de gücü yeten O'dur. Ya komşusunu yargılayan sen, kim oluyorsun?

Başkalarını yargılamak ve suçlamak, Tanrı-gibi davranarak kibirleşmektir. Bu tür insanlar çoktan kendilerini suçlu konuma getirmişlerdir. Hatta ruhani şeyleri yargılamak ya da suçlamak çok daha ciddi bir sorundur. Bazı insanlar, kendi düşünce yapıları ve bilgileriyle Tanrı'nın güçlü işlerini veya Tanrı'nın takdiri ilahisini yargılar ve suçlarlar.

Eğer biri, "Duayla tedavisi olmayan bir hastalığımdan iyileştim" derse, iyi yürekli olanlar buna inanır. Ama bazıları, "Hastalık nasıl olurda duayla iyileşir? Ya yanlış teşhis konulmuştur ya da biraz daha iyi hissediyordur" diye düşünerek yargılarlar. Hatta bazıları, bunun bir yalan olduğunu söyleyerek suçlarlar. Hatta Kutsal Kitap'ın Kızıldeniz'in ikiye ayrılması, güneşle ayın durması ve acı suyun tatlı suya dönüşmesiyle ilgili bölümlerini bile yargılayıp suçlar ve bunların mit olduğunu söylerler.

Bazı insanlar Tanrı'ya inandıklarını söyler ama yinede Kutsal Ruh'un işlerini yargılar ve suçlarlar. Eğer bir kişi, ruhani gözleri açıldığı için ruhani dünyayı gördüğünü veya Tanrı'yla iletişim kurabildiğini söylüyorsa, hiç düşünmeden o kişinin yanılmış olduğunu söyler ve bu durumu mistisizm diye adlandırırlar. Bu işler kesinlikle Kutsal Kitap'ta yazılıdır ama kendi kişisel inançlarının çerçevesiyle bu şeyleri suçlarlar.

İsa'nın zamanında da bu gibi pek çok insan vardı. Şabat günü bir hastayı iyileştirdiğinde, İsa aracılığıyla ortaya konan Tanrı'nın gücüne odaklanabilirlerdi. Eğer Tanrı'nın isteğiyle ahenk içinde olmasaydı, en baştan İsa'nın aracılığıyla böyle bir iş ortaya konmazdı. Ama Ferisiler, Tanrı'nın oğlu olan İsa'yı kendilerine özgü düşünce yapılarıyla yargılayıp suçladılar. Gerçeği bilmiyor olsanız bile kalkıp Tanrı'nın işlerini yargılar ya da suçlarsanız, bu, ölümcü bir günahtır. Çok dikkatli olmalısınız çünkü eğer Kutsal Ruh'a karşı konuşur ya da küfrederseniz, tövbe etmek için hiçbir şansınız olmaz.

Gerçekte olmayan canın dördüncü işlevi, eksik ya da doğru olmayan mesaj iletmektir.

Bir mesaj ilettiğimizde, kendi duygu ve düşüncelerimizi içine koyma eğiliminde oluruz; dolayısıyla mesajlar bozulur. Hatta aynı mesajı iletiyor olsak bile yüz ifadelerine ve sesin tonuna göre amaçlanan anlamı bozulabilir. Örneğin birine "hey!" diye seslendiğimizde bile bunu dostane ve yumuşak bir sesle yapmamızla kaba ve kızgın sesle yapmamız arasında fark vardır. Dahası tamamen aynı sözlerle mesajı iletmiyor ama kendi sözlerimizle değiştiriyorsak, orijinal anlam sıklıkla bozulur. Abartmalar veya kısaltmalarda olmak üzere bu tür örnekleri günlük yaşantılarımızda bulabiliriz. Bazen ise içerik tamamen değişir; "Bu doğru değil mi?" sorusu, "Bu doğrudur, öyle değil mi?" sorusuna dönüşür ya da "Planlıyoruz..." veya "yapabiliriz..." kelimeleri, "Öyle görünüyor ki yapacağız..." olarak değişir. Ama eğer gerçeğin yüreklerine sahipsek, kendi düşüncelerimizle gerçekleri bozmayız. Yüreklerimizde kötülüğü ve kendi çıkarlarımızı gözetmek, yargılamakta hızlı olmak ve başkaları hakkında kötü konuşmak gibi özellikleri söküp attığımız ölçüde mesajları daha doğru bir şekilde İletebileceğiz.

Yuhanna 21:18 ayetlerinin başlangıcı, Petrus'un şehitliği hakkında Rab İsa'nın Sözü'dür. Şöyle der; "Sana doğrusunu söyleyeyim, gençliğinde kendi kuşağını kendin bağlar, istediğin yere giderdin. Ama yaşlanınca ellerini uzatacaksın, başkası seni bağlayacak ve istemediğin yere götürecek.

O zaman Petrus, Yuhanna'yı merak etti ve şu soruyu yöneltti: "Ya Rab, ya bu ne olacak?" (a. 21) İsa şöyle yanıtladı: "Ben gelinceye dek onun yaşamasını istiyorsam, bundan sana ne? Sen ardımdan gel!" (a. 22) Bu mesajın diğer öğrencilerine nasıl iletilmiş olduğunu düşünüyorsunuz? İncil, öğrencinin ölmeyecek olduğunu söylediklerini yazar. İsa gelinceye dek yaşayacak olsa bile Yuhanna'yı düşünmenin Petrus'un meselesi olmadığını söylemek istemiştir İsa. Fakat öğrenciler, kendi düşüncelerini de içine katarak tamamen doğrudan sapmış bir mesaj ilettiler.

## Beşincisi olumsuz hisler ya da dargınlıktır

Benliğin insanları olduğumuzdan hayal kırıklığı, gururun incinmesi, kıskançlık, öfke ya da düşmanlık gibi duygulara sahip olduğumuzdan, canın onlardan kaynaklanan gerçeğe ait olmayan işlevlerini barındırırız. Duyduğumuz söz aynı olsa bile duygularımıza göre tepkimiz farklı olur.

Bir şirkette patronun, çalışanın hatasına işaret ederek , "Daha iyi bir iş çıkaramıyor musun?" dediğini farz edin. Böyle bir durum karşısında bazıları uysallık içinde tebessüm ederek, "Evet, bir sonrakinde daha iyi olmaya uğraşacağım" diye yanıt verirler. Fakat patrondan yakınanlar, bu uyarı karşısında gücenir ya da darılırlar. "Böyle kötü bir şekilde konuşmak zorunda mı?" ya da "Ya kendisi? Kendi işini doğru düzgün yapmıyor ki" diye düşünebilirler.

Veyahut patron, "Eğer şurayı bu şekilde değiştirirsen daha iyi olur" diye öğüt verir. O vakit bazınız bunu kabul edip, "İyi bir fikir. Öğüt için teşekkürler" der ve bu öğüdü dikkate alır. Fakat bazıları rahatsız olur ve gururları incinir. Bu kötü duygular yüzünden bazen, "İyi bir iş çıkarmak için elimden gelenin en iyisini yaptım. Nasıl bu kadar kolayca böyle bir şey söyleyebiliyor? Eğer kendi çok iyi biliyorsa, kendi yapsın" düşüncesiyle yakınırlar.

İncil'de İsa'nın Petrus'u azarladığını okuruz (Matta 16:23). İsa'nın çarmıhı yüklenme zamanı geldiğinde öğrencilerine neler olacağını anlatıyordu. Petrus, İsa'nın böylesine acı çekmesine gönlü razı olmadı ve şöyle dedi: "Tanrı korusun, ya Rab! Senin başına asla böyle bir şey gelmeyecek!" (a. 22). O vakit İsa, "Nasıl hissettiğini biliyorum. Bunun için minnetle doluyum. Ama gitmem gerek" diyerek Petrus'u avutmaya çalışmadı. Aksine, "Çekil önümden, Şeytan!" Bana engel oluyorsun. Düşüncelerin Tanrı'ya değil, insana özgüdür" (a. 23) diyerek onu azarladı.

Günahkârlar için kurtuluş yolu ancak İsa'nın çarmıhın çilesini yüklenmesiyle açılabileceğinden, bunu durdurmak, Tanrı'nın takdiri ilahisini durdurmakla aynıydı. Ama Petrus, İsa'ya bozulmadı ya da yakınmadı çünkü İsa'nın söylediği her şeyin kesin bir anlamı olduğuna inanıyordu. Böylesi iyi bir yürekle daha sonra Tanrı'nın olağanüstü gücünü ortaya koyan bir elçi oldu.

Peki ya Yahuda İskariot'a ne oldu? Matta 26 ayetinde Beytanyalı Meryem, çok değerli bir yağı İsa'nın başına döktü. Yahuda bunun savurganlık olduğunu düşündü. Şöyle dedi: "Bu yağ pahalıya satılabilir, parası yoksullara verilebilirdi." (a. 9). Fakat aslında parayı çalmayı istiyordu.

İsa, kadının o güzel kokulu yağı, O'nu gömülmeye hazırlamak

için bedeninin üzerine boşalttığını söyleyerek övdü. Sözlerini tasdik etmediği için Yahuda, İsa'ya bozulmuştu. Sonunda İsa'ya ihanet etmek ve O'nu satmak gibi çok büyük bir günahı işledi.

Günümüzde gerçeğin dışında olan canın işlevlerine pek çok insan sahiptir. Fakat bir şeyle ilgili duygularımız olmadığı sürece onu görsek de canın işlevleri kendini göstermez. Bir şeyi gördüğümüzde sadece o şeyi görme düzeyinde kalırız. Günah olan yargılama ve suçlamayı yapmamak için düşüncelerimizden faydalanmamalıyız. Kendimizi gerçekte muhafaza etmek için gerçek olmayan bir şeyi görmememiz ya da duymamamız daha iyidir. Ama ola ki gerçek olmayan bir şeyle temas etmek zorunda kalırsak, iyilikle düşünür ve hissedersek hala kendimizi iyiliğin içinde muhafaza edebiliriz.

## 3. Karanlık

Şeytan'da Lusifer'in sahip olduğu karanlığa sahiptir ve insanların kötü düşüncelere ve yüreklere sahip olması ve kötü şeyler yapması için onları ayartır.

Aslına bakılırsa gerçeğe ait olmayan canın işlevlerine sahip olmamıza neden olan kötü ruhlardır. Kötü ruhların dünyasına, insanın yetiştirilmesinin takdiri ilahisini gerçekleştirmek için Tanrı tarafından izin verildi. İnsanın yetiştirilmesi sürerken, onlarında hava üzerinde hâkimiyetleri vardır. Efesliler 2:2 ayeti şöyle der: "Bu dünyanın gidişine ve havadaki hükümranlığın egemenine, yani söz dinlemeyen insanlarda şimdi etkin olan ruha uymaktaydınız."

Tanrı, insanın yetiştirilmesine bir son vereceği zamana kadar karanlığın akışını kontrol etmelerine izin vermiştir. Karanlığa ait bu kötü ruhlar, günah işlemeleri ve Tanrı'ya karşı gelmeleri için insanları aldatırlar. Ayrıca sıkı bir düzenleri vardır. Başları olan Lusifer, karanlığı kontrol eder, emirler verir ve kötü ruhları yönetir. Lusifer'e yardım eden pek çok başka varlıklarda vardır. Bunlar işlemsel gücü olan ejderhalar ve onların melekleridir (Vahiy 12:7 ayetinden referans). Ayrıca Şeytan, iblis ve kötü ruhlar bulunur.

## Karanlık Dünyanın Başı Lusifer

Lusifer, güzel sesi ve müzik aletleriyle Tanrı'yı yücelten bir başmelekti. Bulunduğu yüksek konumun, yetkinliğin ve Tanrı tarafından sevilmenin çok ama çok uzun zaman tadını çıkardı; sonunda kibre battı ve Tanrı'ya ihanet etti. O andan itibaren güzel görüntüsü son derece çirkin bir hal aldı. Yeşaya 14:12 şöyle der: "Ey parlak yıldız, seherin oğlu, Göklerden nasıl da düştün! Ey ulusları ezip geçen, Nasıl da yere yıkıldın!"

Günümüzde farkında olmadan insanlar, olağandışı saç stilleri ve makyajlarıyla Lusifer'in görüntüsüne andırırlar. Dünya trend ve moda aracılığıyla Lusifer, insanların akıllarını ve düşüncelerini dilediği gibi kontrol eder. Özellikle dünya müziğini büyük çapta etkiler.

Ayrıca bilgisayarlarda dâhil olmak üzere çağdaş kolaylıklar sayesinde insanları günaha teşvik eder. Kötü yöneticileri, Tanrı'ya karşı gelmek üzere kandırır. Bazı ülkeler resmi olarak Hristiyanlığa rahat vermemektedir. Tüm bunlar, Lusifer'in motivasyonu ve kışkırtmasıyla olur.

Bunun yanı sıra Lusifer, büyücülük ve sihrin çeşitli biçimleriyle insanları günaha teşvik eder ve kendisine tapınılması içim şamanların ya da büyücülerin aklını başından alır. Bir kişiyi daha cehenneme taşımak ve insanları Tanrı'ya karşı yapmak için elinden geleni ardına koymaz.

### Ejderhalar ve Melekleri

Ejderhalar, Lusifer'in yönetiminde olan kötü ruhların önderleri olarak hareket ederler. İnsanlar onun hayal mahsulü bir hayvan olduğunu düşünür. Fakat ejderhalar, kötü ruhların dünyasında vardırlar. Ruhsal varlıklar oldukları için sadece görünmezler. En yaygın tanımlarda ejderhaların geyik boynuzları, şeytani gözleri ve sığırlara benzer kulakları vardır. Derileri pulludur ve dört ayaklıdırlar. Bir şekilde dev sürüngenlere benzerler.

## Canın Oluşumu

Yaratılış esnasında ejderhaların uzun, güzel ve görkemli tüyleri vardı. Tanrı'nın tahtının çevresindeydiler. Tıpkı evcil hayvanlar gibi Tanrı tarafından sevilirlerdi ve O'na yakındılar. Büyük güç ve yetkinliğe sahiptiler ve onların kontrolü altında olan sayısız keruvlar vardı. Fakat Lusifer'le birlikte Tanrı'ya ihanet ettikleri zaman onların melekleri de bozuldu ve Tanrı'ya karşı geldi. Ejderhaların bu melekleri de artık hayvanlara benzer çirkin görüntüleri vardır. Ejderhalarla birlikte havanın hâkimidirler ve insanları günahla kötülüğe taşırlar.

Kuşkusuz ki Lusifer, kötü ruhlar dünyasının başıdır, ama Tanrı'ya ait ruhani varlıklarla savaşmaları ve havaya hâkim olmaları için pratik olarak yetkinliğini ejderhalara ve meleklerine vermiştir. Uzun zamandan beri ejderhalar, insanlar kendilerine tapınsın diye ejderha dövme ve desenleri yapmak üzere insanları ayartmaktadır. Günümüzde bazı dinler açıkça ejderhaları putlaştırır ve onlara tapınır; o insanlar ejderhaların kontrolündedir.

Vahiy 12:7-9 ayetleri ejderhalar ve melekler hakkında şöyle der:

Gökte savaş oldu. Mikail'le melekleri ejderhayla savaştılar. Ejderha kendi melekleriyle birlikte karşı koydu, ama gücü yetmedi. Bu yüzden gökteki yerlerini yitirdiler. Büyük ejderha -İblis ya da Şeytan denen, bütün dünyayı saptıran o eski yılanmelekleriyle birlikte yeryüzüne atıldı.

Ejderhalar, melekleri vesilesiyle kötü insanları ayartırlar. Bu tür insanlar cinayet ve insan kaçakçılığı gibi iğrenç suçları işlemekten dahi geri durmazlar. Ejderhaların meleklerinin biçimleri, Levililer kitabında Tanrı'nın iğrenç olarak tasvir ettiği hayvani olarak betimlenir. Her hayvanın vahşilik, kurnazlık, pislik veya çok eşlilik gibi farklı karakteri olduğundan, kötülük, hayvanının türüne göre farklı şekillerde kendini ortaya koyacaktır.

Lusifer, ejderhaların aracılığıyla ve ejderhaların melekleri de ejderhaların emirleriyle işler ortaya koyar. Bir ülkeyle kıyaslayacak olursak eğer, Lusifer kral, ejderhalar ise vekilleri ve askerleri yöneten yöneticiler ya da ordu komutanları gibidirler. Ejderhalar eyleme her geçişlerinde Lusifer'den her zaman doğrudan emir almazlar. Lusifer düşüncelerini onların zihinlerine zaten ekmiştir. Dolayısıyla onların yaptığı her eylem, Lusifer'in arzularıyla çelişmez.

### Şeytan'da Lusifer'in yüreği ve gücü bulunur

Kötü ruhlar, yürekleri karanlıkla lekelendiği ölçüde insanlara etki edebilirler ama en baştan insanları kışkırtan kötü ruhlar ya da iblis değil, şeytandır. Şeytan'dan sonra iblis ve sonunda da kötü ruhlar gelir. En basitiyle Şeytan, Lusifer'in yüreğidir. Maddi bir biçimi yoktur ama insanların düşünceleri vesilesiyle iş görür. Şeytan, Lusifer'in sahip olduğu karanlığa sahiptir ve kötülük yapmaları için insanların kötü düşüncelere ve zihne sahip olmalarını sağlar.

Şeytan ruhani bir varlık olduğundan (Eyüp 1:6-7), bir insanın sahip olduğu çeşitli karanlık yanlarına uygun işler görür. Yalan söyleyenleri, aldatıcı bir ruhla ayartır (1. Krallar 22:21-23). Bir tarafı diğerine düşürmek için u ruhtan yararlanır (1. Yuhanna 4:6). Benliğin pis işlerini sevenler için murdar ruhları kullanır (Vahiy 18:2).

Açıklanmış olduğu gibi Lusifer, ejderhalar ve Şeytan'ın farklı rol ve biçimleri vardır, ama kötülüğü uygulamak için tek bir zihin ve güce sahiptirler. Şimdi Şeytan'ın insanlar üzerinde nasıl çalıştığını inceleyelim.

Şeytan, havaya yayılmış bir radyo dalgası gibidir. Hava üzerinde sürekli olarak zihnini ve gücünü yayar. Ve nasıl ki radyo dalgaları bir antenle alınabiliyorsa, Şeytan'ın zihni, düşünceleri ve karanlığı da onları almaya hazır olanlar tarafından alınır. Burada anten, gerçek olmayandır; insanların yüreklerindeki karanlıktır.

Örneğin yürekteki nefretin doğası, havada şeytan tarafından yayılan nefretin dalgasını alan bir anten gibi görev görür. Şeytan'ın yarattığı karanlığın dalgasıyla insanların gerçek olmayana ait olan yürekleri aynı frekansta olduğunda, Şeytan karanlığın gücünü insanların düşünceleri aracılığıyla eker. Bu yolla gerçeğe ait olmayan yürek güçlenir ve aktif hale gelir. Bu durum için 'şeytanın işlerini alıyor' ya da sesini duyuyor deriz.

Bu şekilde Şeytan'ın sesini duydukça, düşüncelerinde günah

işleyecek ve dahası bunları eyleme dökebileceklerdir. Nefret ya da çekememezlik gibi kötü bir doğa Şeytan'ın işlerini aldığında, başkalarına zarar verme arzusu duyarlar. Bu daha da ileriyle giderse, adam öldürme gibi bir günahı bile işlerler.

### Şeytan, Düşünce Yoluyla İş Görür

İnsanlarda gerçek ve gerçek olmayana ait yürek bulunur. İsa Mesih'e iman ettiğimizde ve Tanrı'nın çocukları olduğumuzda Kutsal Ruh, yüreklerimize iner ve gerçeğin yüreğine tesir eder. Bu, Kutsal Ruh'un sesini yüreklerimizde duyacağımız anlamına gelir. Öte yandan Şeytan, dıştan iş görür ve bu yüzden insanların yüreklerine girmek için bir yola ihtiyaç duyar. Bu yol, insanın düşünceleridir.

İnsanlar duygularıyla birlikte gördüklerini, duyduklarını ve öğrendiklerini alır ve onları akıllarıyla yüreklerinde depolarlar. Doğru zaman ya da koşullarda bu anılar çekip çıkarılır. Bu, 'düşüncedir'. Düşünceler, hafızanızda depoladığınız duyguların çeşidine göre farklıdır. Tamamen aynı durumda bazı insanlar sadece gerçeğe göre onu depolayıp gerçeğin düşüncelere sahip olurken, diğerleri gerçek olmayana göre depolayıp gerçek olmayanın düşüncelerine sahip olurlar.

İnsanların çoğuna, Tanrı'nın Sözü olan gerçek öğretilmez. Bu yüzden yüreklerinde gerçekten ziyade gerçeğe ait olmayan çokça bulunur. Şeytan, gerçeğe ait olmayan bu tür insanları motive eder ve ayartır. Bunlara 'benliğin düşünceleri' denir. İnsanlar, Şeytan'ın işlerini aldıkça Tanrı'nın yasasına itaat edemezler. Günahın kölesi olur ve sonunda ölürler (Romalılar 6:16, 8:6-7).

### Şeytan hangi yollarla insanın yüreğini kontrol eder?

Genel olarak Şeytan, insanın düşünceleri yoluyla dışarıdan işini görür ama istisnalar vardır. Örneğin İncil, Rab İsa'nın on iki öğrencisinden biri olan Yahuda İskariot'a Şeytan'ın gittiğini yazar. Burada 'şeytan'ın ona gitmesi', onun sürekli olan Şeytan'ın işlerini aldığı ve sonunda tüm yüreğini Şeytan'a adadığı anlamına gelir. Bu şekilde tamamen Şeytan'ın esiri olmuştur.

Yahuda İskariot, Tanrı'nın olağanüstü gücüne şahit olmuş ve İsa'yı izlerken iyilikle eğitilmişti. Fakat açgözlülüğünü söküp atamadığı için ortak para kutusundan Tanrı'nın parasını çalıyordu (Yuhanna 12:6).

Ayrıca İsa Mesih yeryüzü tahtını aldığında büyük onur ve güç arzulayan açgözlülüğü vardı. Fakat gerçekler, onun beklentilerinden farklı gelişti ve düşüncelerinin Şeytan tarafından ele geçirilmesine izin verdi. Sonunda tüm yüreğini Şeytan ele geçirdi ve otuz gümüş para için İsa'yı sattı. Şeytan, bir kişinin yüreğini tamamen ele geçirdiğinde o kişinin içine Şeytan girdiğini söyleriz.

Elçilerin İşleri 5:3 ayetinde Petrus, Hananya'yla Safira'nın yüreklerinin Şeytan'a uyduğunu söyler. Topraklarını satarak elde ettikleri paranın bir kısmını saklayarak Kutsal Ruh'a yalan söylemişlerdi.

Daha önceden buna benzer durumlar olmuş olduğundan Petrus böyle demiştir. Dolayısıyla 'Şeytan girdi" ya da 'Şeytan'a uydu' gibi ifadeler, bu gibi kişilerin yüreklerinde Şeytan'ın olduğu ve kendilerinin şeytanlaştığı anlamına gelir. Ruhani gözlerle bakıldığında Şeytan koyu bir sise benzer. Koyu dumana benzeyen karanlığın enerjisi, büyük ölçüde Şeytan'ın işlerini alan insanların çevresindedir. Şeytan'ın işlerini almamak için ilk olarak gerçeğe ait olmayan tüm düşünceleri çıkarmalıyız. Dahası, gerçeğe ait olmayan yüreği içimizden çekip almalıyız. Bu, Şeytan'ın 'radyo dalgasını' alan antenleri öncelikle söküp atmamız anlamını taşır.

### İblis ve Kötü Ruhlar

İblis, Lusifer ile birlikte bozulan meleklerin bir kısmıdır. Şeytan'ın aksine belli biçimleri vardır. Karanlık figürlerinde tıpkı meleklerde olduğu gibi yüzleri, gözleri, burunları, kulakları ve ağızları vardır. El ve ayakları da vardır. İblis, günah işlemeleri için insanları etkiler ve onların üzerine çeşitli sınama ve testler getirir.

Fakat bu, bunu yapmak için iblisin insanlara gittiği anlamını taşımaz. Şeytan'ın talimatıyla iblis, yüreklerini karanlığa teslim eden insanları kontrol eder ve onların kabul edilemez kötü eylemlerde bulunmalarına neden olur. Fakat bazen belli insanları araç olarak kullanmak için doğrudan o insanlara gidebilir.

Büyücüler ya da falcılar gibi ruhlarını iblise satanlar, iblisin araçları olarak hareket etmek üzere onun kontrolünde olurlar. Başka insanlara da iblisin işlerini yaptırırlar. Bu yüzden İncil, günah işleyenlerin iblis'ten olduğunu söyler(Yuhanna 8:44; 1. Yuhanna 3:8).

Yuhanna 6:70 ayeti şöyle der: "İsa onlara şu karşılığı verdi: "Siz Onikiler'i seçen ben değil miyim? Buna karşın içinizden biri iblistir.'" İsa, kendisini satacak olan Yahuda İskariot'tan bahsediyordu. Günahın kölesi olan ve kurtuluşla hiçbir alakası olmayan böyle biri iblisin oğludur. Şeytan, Yahuda'ya gittiğinde ve onun yüreğini kontrol ettiğinde, İsa'yı satmak olan iblisin eylemini ortaya koydu. İblis, Şeytan'ın talimatlarını alan orta sınıf bir yönetici gibidir. Birçok kötü ruhu yönetirken, insanların pek çok hastalıktan ve acıdan çekmesine neden olur ve onların daha fazla kötülük yapmasına öncülük eder.

Şeytan, iblis ve kötü ruhlar arasında bir hiyerarşi bulunur. Yakinen işbirliği yaparlar. Şeytan, iblisin etki etme yolunu açmak için insanın gerçeğe ait olmayan düşünceleri üzerinde çalışır. İbliste, benliğin ve iblisin diğer işlerini işlesinler diye insanlar üzerinde çalışmaya başlar. Düşünceler yoluyla çalışan Şeytan'dır ve insanların bu düşünceleri uygulamasını sağlayan iblisin işidir. Kötü eylemler belli bir sınırı aştığında, kötü ruhlar kısa zamanda bu insanın içine girer. Kötü ruhlar bir kez bu insanların içine girdiğinde, özgür iradelerini kaybeder ve kötü ruhların kuklaları gibi olurlar.

Kutsal Kitap, kötü ruhlar olduğunu ama onların Lusifer'in düşen meleklerinden farklı olduklarını belirtir (Mezmurlar 106:28; Yeşaya 8:19; Elçilerin İşleri 16:16-19; 1.Korintliler 10:20). Kötü ruhlar canları, ruhları ve bedenleri olan insandılar. Yeryüzünde yaşayan ve kurtuluşu almadan ölen bazı insanlar belli ve özel şartlar altında bu dünyaya gelirler ve onlar kötü ruhlardır. İnsanların çoğu kötü ruhların dünyasıyla ilgili net bir mefhuma sahip değildir. Fakat Tanrı'nın öngördüğü o son güne dek bir kişiyi daha yıkım yoluna taşımak için uğraş verirler.

Bu nedenle 1. Petrus 5:8 ayeti şöyle der: "Ayık ve uyanık olun. Düşmanınız İblis kükreyen aslan gibi yutacak birini arayarak dolaşıyor." Ve Efesliler 6:12 ayeti şöyle der: "Çünkü savaşımız insanlara karşı değil, yönetimlere, hükümranlıklara, bu karanlık dünyanın güçlerine, kötülüğün göksel yerlerdeki ruhsal ordularına karşıdır."

Her zaman ruhta ayık ve uyanık olmalıyız çünkü bize öncülük eden karanlığın gücü olarak yaşarsak, ölüm yoluna düşmekten kendimizi alıkoyamayız.

## 2. Bölüm
# Özbenlik

Kendimize has doğruluk, yeryüzünün gerçeğe ait olmayan şeylerini gerçek olarak öğrendiğimizde oluşur. Kendine has doğruluk sağlamlaştığında, düşünce yapısı oluşur. Dolayısıyla meydana gelen düşünce yapısı, bir kişinin kendine has doğruluğunun sistemik olarak somutlaşmasıdır.

Bir Kişinin 'Özbenliği' Oluşana Kadar

Kendine Has Doğruluk ve Yapılar

Gerçeğe Ait Canın İşlevlerine Sahip Olma

Her gün Ölüyorum

Rab'be iman etmediğim zamanlardı. Her gün hastalıklarımla boğuşuyordum ve tek eğlencem savaş sanatlarıyla ilgili romanlar okumaktı. Bu hikâyeler genelde öç almakla ilgilidir. Hikâyelerin kendine özgü konusu şöyledir: Henüz bebekken kahramanın anne ve babası öldürülür. Evdeki uşağın yardımıyla katliamdan güçbelâ kurtulur. Büyürken savaş sanatları ustasıyla tanışır. Artık kendide bu sanatın bir ustası olmuştur ve annesiyle babasını öldüren düşmanından öcünü alır. Bu romanlar, kendi yaşamlarınızı riske etmek pahasına öç almanın haklı ve kahramanca olduğunu anlatır. Fakat İncil'in öğretisi, dünyevi bu öğretiden çok farklıdır.

İsa, Matta 5:43-45 ayetlerinde şunları öğretir:"`Komşunu seveceksin, düşmanından nefret edeceksin` dendiğini duyunuz. Ama ben size diyorum ki, düşmanlarınızı sevin, size zulmedenler için dua edin. Öyle ki, göklerdeki Babanız`ın oğulları olasınız. Çünkü O, güneşini hem kötülerin hem iyilerin üzerine doğdurur; yağmurunu hem doğruların hem eğrilerin üzerine yağdırır."
Yaşamış olduğum hayat iyi ve dürüst bir yaşamdı. İnsanların çoğu, 'yasaya ihtiyacı' olmayan kibar bir kişi olarak beni

tanırlardı. Fakat Rab'be iman ettikten ve diriliş toplantısında vaaz edilen Tanrı'nın Sözü'yle kendimi tarttıktan sonra, hayatımda yanlış olan pek çok şeyin olduğunu kavradım. Kullandığım dili, davranışlarımı, düşüncelerimi kavradığımda kendimden çok utandım; hatta vicdanım bile yanlıştı. Hiç de doğru olmayan bir yaşam sürdürmüş olduğum için Tanrı'nın huzurunda tamamıyla tövbe ettim.

O andan itibaren kendime has doğruluğumu ve kişisel düşünce yapımı kavramanın ve onları yok etmenin mücadelesini verdim. Önceden yarattığım 'özbenliğimi' yadsıdım ve onu değersiz addettim. Kutsal Kitap'ı okuyarak, gerçeğe göre yeniden 'özbenliğimi' yarattım. Yüreğimde gerçek olmayana ait şeyleri söküp atmak için sürekli oruç tuttum ve dua ettim. Sonuç olarak kötülüğümün uzaklaştığını hissedebiliyordum. Ve Kutsal Ruh'un sesini duyup rehberliğini almaya başladım.

### Bir Kişinin 'Özbenliği' Oluşana Kadar

İnsanlar yüreklerini ve değerlerini nasıl oluşturur? İlki, kalıtımsal yolla aldıkları unsurlardır. Çocuklar, anne ve babalarına andırırlar. Onların görünüşlerini, alışkanlıklarını, kişiliklerini ve diğer genetik özelliklerini kalıtımsal yolla alırlar. Kore'de bizler, 'anne ve babanın kanını almak' deriz buna. Fakat bu aslında kan değil, yaşam enerjisi ya da 'chi'dir. 'Chi', bedenden gelen tüm enerjinin kristalleşmiş halidir. Oğullarının dudağının üzerinde koca bir doğum izi bulunan bir aile tanıyorum. Annesinin de aynı yerde bir izi vardı ama ameliyatla onu aldırdı. Kendisi aldırmış olsa da, aynı iz oğluna geçti.

İnsanların sperm ve yumurtlarında yaşam enerjisi bulunur. Sadece dış görünüşlerini değil ama ayrıca kişiliklerini, mizaçlarını, zekâlarını ve alışkanlıklarını da içerir. Eğer ilk gebe kalındığı zamanlarda babanın chi enerjisi daha güçlüyse, çocuk babaya daha çok andırır. Eğer annenin chi enerjisi daha yüksekse, o zamanda anneye daha çok andıracaktır. Bu, her çocuğun yüreğini farklı meydana getirir.

Ayrıca bir insan büyüdükçe ve olgunlaştıkça pek çok şey öğrenir ve onlarda yüreğin tarlasının bir parçası olurlar. Beşinci yaştan itibaren, insanlar gördükleriyle, duyduklarıyla ve öğrendikleriyle özbenliklerini oluşturmaya başlarlar. On iki yaşlarında bir kişinin yargı değerleri oluşur. On sekiz yaşında bir kişinin 'özbenliği' daha da katılaşır. Fakat sorun, yanlış olan pek çok şeyi gerçekmiş gibi düşünmemiz ve onları gerçek olarak hatırlamamızdır.

Bu dünyada gerçek olmayana ait öğrendiğimiz pek çok şey vardır. Elbette ki okullarda yaşamlarımız için yararlı ve gerekli pek çok şey öğreniriz ama ayrıca Darvin'in evrim teorisi gibi gerçek olmayan şeylerde öğretilir. Anne-babalarda sanki gerçekmiş gibi gerçek olmayan şeyleri çocuklarına öğretirler. Farz edin ki dışarıda olan çocuk başka bir çocuk ya da çocuklar tarafından dövülmüş olsun. Kızgınlıkla anne-babalar şöyle der: "Tıpkı diğer çocuklar gibi günde üç defa yiyorsun. Güçlü olman gerekir. O zaman neden dayak yedin? Sana bir kere vuran birine, iki kere vurmalısın. Diğer çocuklar gibi seninde ellerin ve ayakların yok mu? Kendini korumayı öğrenmelisin."

Arkadaşlarından dayak yiyen çocuklara aşağılayıcı bir muamele de bulunulur. Öyleyse bu çocuklarda nasıl bir vicdan oluşur? Muhtemelen kendilerini akılsız budalalar olarak hissederler ve onlara başkalarının vurmalarına göz yummak yanlıştır. Onlara biri bir kez vuruyorsa, kendilerinin iki kez vurması gerektiğine dair hakları olacaklarını düşüneceklerdir. Diğer bir deyişle, iyilikmiş gibi kötülüğü alırlar.

Gerçeğin peşi sıra giden anne ve babalar, çocuklarına ne öğretmelidirler. Durumu gözden geçirmeli ve onlara iyilik ve gerçekle öğretmelidirler ki, huzurlu olsunlar. Onlara şöyle demelidirler: "Tatlım, onları anlamaya çalışır mısın? Ayrıca yanlış bir şey yapıp yapmadığını bir düşün. Tanrı, kötülüğe iyilikle karşılık vermemizi söyler."

Eğer her koşulda çocuklara Tanrı'nın Sözüyle öğretilirse, iyi ve yerinde vicdanlar geliştirebileceklerdir. Fakat pek çok durumda anne-babalar, gerçeğe ait olmayan şeyler ve yalanlarla çocuklarını büyütürler. Anne ve babalar yalan söylediğinde, çocuklar da söyler. Telefonun çaldığını ve evin kızının telefonu kaldırdığını farz edin. Arayan kişi sesini duymasın diye eliyle kapatıp babasına, "Baba, Tom amca seni istiyor?" dediğini ve babasının da, "Ona evde olmadığımı söyle." dediğini düşünün.

Daha önce benzer olaylar sıklıkla yaşanmış olduğundan evin kızı, telefonu babasına vermeden önce sormuştur. Büyümeleri esnasında insanlara gerçeğe ait olmayan pek çok şey öğretilir ve daha da önemlisi, kendi duygularıyla yargılayarak ve suçlayarak gerçek olmayan bu şeyleri geliştirirler. Bu yolla gerçeğe ait olmayan vicdan oluşur.

Dahası, insanların çoğu ben-merkezlidir. Sadece kendi çıkarlarını gözetir ve kendilerinin haklı olduğunu düşünürler. Başka insanların niyet veya fikirleri kendi fikirleriyle uyuşmuyorsa, onların hatalı olduğunu düşünürler. Fakat diğerleri de aynı şekilde düşünür. Herkes bu şekilde düşündüğünde fikir birliğine varmak zorlaşır. Aynı şey, eşler ve çocuklarla ebeveynler gibi birbirlerine yakın insanlar arasında bile olur. İnsanların çoğu özbenliklerini bu şekilde oluşturur ve bu yüzden kendilerinin haklılığında ısrarcı olmamalıdırlar.

## Kendine Has Doğruluk ve Yapılar

Pek çok insan, gerçeğe ait olmayan canın işlevleri yoluyla değer yargılarını oluştururlar. Bunun sonucu olarak kendilerine has doğrulukların ve yapıların içersinde yaşarlar. Bunun yanı sıra kendilerine has doğrulukları, dünyadan alıp gerçek kabul ettikleri gerçek olmayan şeylerle oluşur. Bu şekilde kendilerine has doğrulukları olan insanlar sadece kendilerini haklı görmekle kalmaz ama ayrıca kendi fikir ve inançlarını başkalarına zorla kabul ettirmeye çalışırlar.

Bu kendine has doğruluk katılaştığında yapıya dönüşür. Diğer bir deyişle, bu yapı, bir kişinin kendine has doğruluğunun sistematik inşasıyla oluşmuştur. Bu yapılar, her bireyin kişiliğine, zevklerine, davranışlarına, fikir ve düşüncelerine dayanarak meydana gelir. Her iki fikrin birbirine yakın olduğu durumlarda sadece bir tanesi üzerinde ısrarcı olursanız ve eğer bu somut hale dönerse, bu sizin yapınız olur. O zaman benzer öncelikleri, kişilikleri ya da tercihleri olanlara karşı daha saygılı ve kabul edici ama sizinle aynı fikirde olmayanlara karşıda daha az tolerans gösterme eğilimi oluşur. Bunun nedeni kişisel yapınızdır.

Bu gibi yapılar, günlük yaşantılarımızda değişik şekillerde kendilerini gösterirler. Yeni evlenmiş bir çift, ufak şeyler üzerinde kavga edebilir. Erkek, diş macunu tüpünün en alttan sıkılması gerektiğini düşünürken, eşi, tüpü istediği yerden sıkar. Böyle bir örnekte kişiler kendi yöntemleri üzerinde ısrarcı olursa, çatışma kaçınılmazdır. Çatışmalar, birbirlerinden farklı alışkanlıkların yapılarıyla meydana gelir.

Bir şirkette hiç kimseden yardım almadan tüm işini tek başına yapan biri olduğunu düşünün. Bu insanların bazılarında her işlerini kendileri yapma alışkanlığı vardır çünkü zor çevrede ve tek başına çalışmak zorunda kaldıkları ortamlarda büyümüşlerdir. Kibirli oldukları için böyle davranmazlar. Dolayısıyla onları kibirli veya ben-merkezli olarak yargılamak, yerinde bir yargı değildir.

Gerçeğin ışığında kendine has doğruluk ve kişisel yapılar çoğu vakada kusurludur. Kusur, başkalarına hizmet etmeyen ve kendi çıkarlarını arayan gerçeğe ait olmayan yürekten doğar. Hatta inanlıların bile farkında olmadan kendilerine has doğrulukları ve yapıları vardır.

Tanrı'nın Sözünü dinlediklerini ve belli bir ölçüye kadar günahları söküp attıklarını düşünürler. Bununla da kendilerine has doğruluklarını gösterirler. Diğer insanların imanda sürdürdükleri yaşamları yargılarlar. Ayrıca kendilerini başkalarıyla kıyaslar ve kendilerinin onlardan daha iyi olduklarını düşünürler. Önce onların iyi noktalarını görürler ama sonra değişmeye başlar ve artık eksik yanlarını görürler. Sadece kendi fikirlerinde ısrar ederler ama bunu 'Tanrı'nın Egemenliği' için yaptıklarını söylerler.

Bazı insanlar sanki kendileri her şeyi biliyormuş ve kendileri haklıymış gibi konuşurlar. Başkalarını yargılayarak sürekli onların eksik yanları hakkında konuşurlar. Bu, kendi eksik yanlarını görmeyip başkalarının eksik yanlarını gördükleri anlamına gelir.

Tamamen gerçeğe değişmeden önce hepimizin kendimize has doğruluğumuz ve yapılarımız vardı. Yüreğimizde kötülüğün olduğu ölçüde gerçek yerine gerçeğe ait olmayan canın işlevlerine sahip oluruz. Bunun sonucunda kendimize has doğruluklarımız ve yapılarımızla başkalarını yargılar ve suçlarız. Ruhsal gelişime sahip olmamız için, tüm düşünce ve fikirlerimize birer hiç muamelesi yapmalıyız. Kendimize has doğruluklarımızla yapılarımızı yıkmalı ve gerçeğe ait canın işlevlerine sahip olmalıyız.

### Gerçeğe Ait Canın İşlevlerine Sahip Olma

Gerçek olmayana ait canın işlevlerini, gerçeğe ait canın işlevlerine dönüştürdüğümüzde ruhani gelişmeye sahip olabilir ve Tanrı'nın gerçek çocuklarına dönüşebiliriz. Öyleyse gerçeğe ait canın işlevlerine sahip olmak için ne yapmalıyız?

Öncelikle her şeyi gerçeğin standardına göre seçmeli ve ayırt etmeliyiz.

İnsanların farklı vicdanları vardır. Zaman, yer ve kültüre göre dünyevi standartları da farklıdır. Doğru davranmış olsanız bile farklı değerlerde yetişmiş insanlar tarafından haklı bulunamayabilirsiniz.

İnsanlar değerlerini ve kabul görülür davranışlarını farklı çevre ve kültürlerde oluşturmuşlardır; dolayısıyla kendi standartlarımızla onları yargılamamalıyız. Doğruyla yanlışı ve gerçekle gerçek olmayanı ayırt edebileceğimiz yegâne nihai standart, gerçeğin ta kendisi olan Tanrı'nın Sözü'dür.

Dünyevi insanların doğru ve yerinde kabul ettiği şeyler arasında Kutsal Kitap'ın onayladıkları olsa da, pek çoğunu onaylamaz. Arkadaşlarınızdan birinin suç işlediğini ama onun suçu yüzünden bir başkasının haksız olarak suçlandığını fark edin. Böyle bir durumda insanların çoğu, arkadaşının suçunu ortaya çıkarmamanın kabul edilir olduğunu düşünür. Fakat haksız yere suçlanan kişinin masum olduğunu bilerek sessiz kalmaya devam ederseniz, bu davranışınız asla Tanrı'nın nazarında doğru bir davranış kabul edilmez.

Tanrı'ya iman etmeden önce birisinin evine yemek vaktinde ziyarete gittiğimde bana yiyip yemediğim sorulduğunda, yemek yediğimi söylerdim. Asla bunun doğru olmadığını düşünmedim çünkü karşımdaki kişiyi huzursuz etmemek için böyle derdim. Fakat ruhani açıdan gerçeği söylemediğim için

Tanrı'nın nazarında günah olmasa da kusur olarak görülebilir. Bu gerçeğin farkına vardıktan sonra daha farklı ifadeler kullandım. Yemek yemediğimi ama şu anda yemek yemeyi de istemediğimi söyledim. Gerçekle her şeyin ayrımına varmak için gerçeğin sözünü dinlemeli, öğrenmeli ve onu yüreklerimizde muhafaza etmeliyiz. Kutsal Kitap'ı okumalı ve yeryüzünde edindiğimiz gerçek olmayan şeylerle oluşturduğumuz yanlış ölçütlerden kurtulmalıyız. Eğer Tanrı'nın Sözüne karşıysa, bu dünyada bir şey ne kadar bilgece olursa olsun onu çekip atmalıyız.

İkincisi, gerçeğe ait canın işlevlerine sahip olmak için duygu ve hislerimiz gerçeğe göre olmalıdır.

İçimize şeyleri nasıl ektiğimiz, gerçeğe göre hissetme çabamızda önemli bir rol oynar. "Bunu yaparsan peder seni azarlayacak!" diyerek çocuğunu azarlayan bir anne gördüm. Pederden korkulması gerektiği düşüncesini çocuğuna aşılıyordu. Böyle bir çocuk büyürken pedere yakın olmak yerine bir şekilde korkarak ondan kaçınmaya çalışacaktır.

Uzun zaman önce bir film seyretmiştim. Bir kızla fil dosttu ve fil, hortumunu kızın boynuna doluyordu. Bir gün kız uyurken zehirli bir yılan yanına yaklaştı ve kızın boynuna dolandı. Eğer boynuna dolanının zehirli bir yılan olduğunu bilseydi, korkuyla dehşete kapılabilirdi. Ama gözleri kapalı uyumaya devam etti ve onun filin hortumu olduğunu sandı. Bu yüzden hiç şaşırmadı. Aksine bunun dostane olduğunu düşündü. Duygular düşüncelere göre değişir.

Nasıl düşündüğümüze göre duygularımız değişir. Kurtçuklardan, solucanlardan ya da kırkayaklardan iğrenen insanlar, bu hayvanları yiyen tavuğun tadından kendilerini alamazlar. Artık bir şeyle ilgili duygularımızın düşüncelerimizle ilişkisini görebiliriz. Nasıl bir insan görürsek görelim ve nasıl bir iş yapıyor olursak olalım iyi bir şekilde düşünmeli ve hissetmeliyiz.

Her şeyde iyi düşünmek ve hissetmek için, her şeyin ötesinde her zaman sadece iyi şeyleri görmeli, duymalı ve almalıyız. Hemen her şeyi medya veya internet aracılığıyla gördüğümüz şu günlerde bu özellikle doğrudur. Tarihin hiçbir devrinde hiç olmadığı kadar çok kötülük, zalimlik, şiddet, aldatma, ben-merkezcilik, kurnazlık ve ihanet günümüzde yaygındır. Kendimizi gerçekte tutabilmek için olabildiğince az bu şeyleri görmemiz, duymamız ve almamız yerindedir. Fakat bu tür şeylerle karşılamak zorunda kalıyorsak, gerçekte ve iyilikte bu şeyleri alabiliriz. 'Nasıl?' diye sorduğunuzu duyuyorum.

Mesela genç yaşlarında cinler ya da vampirler hakkında ürkütücü hikâyeler dinlemiş olanlar, bir korku filminden sonra karanlıkta kaldıklarında bu şeylere karşı korku duyarlar. Garip bir ses duyduklarında ya da ürkütücü gölgeler gördüklerinde ürpererek dehşete kapılırlar. Eğer yalnızlarsa, ufacık bir şey korkudan şoka girmelerine neden olabilir.

Ama eğer ışıkta yaşıyorsak, Tanrı bizi korur ve kötü ruhlar bize dokunamaz. Aksine bizden gelen ruhani ışık karşısında onlar korkup ürperirler. Bu gerçeği anlarsak duygularımızı değiştirebiliriz. Kötü ruhların korkulacak bir şey olmadıklarını yürekten kavrarız ve böylece duygularımız değişebilir. Kötü ruhlar görünse bile karanlığı boyunduruk altına aldığımızdan, İsa Mesih'in adıyla onları kovabiliriz.

İnsanların uygunsuz duygulara sahip olduğu bir başka vakaya daha göz gezdirelim. 20 kadar önce kilise cemaatiyle hac seyahatine gitmiştim. Yunanistan'da bir stadyumda çıplak erkek heykeli vardı. Yazıtın üzerinde sağlık bir ulusun temeli olarak egzersiz ve spor teşvik ediliyordu. Orada diğer Avrupa ülkelerinden gelen turistlerle kendi cemaatimin üyeleri arasındaki farkı görebildim.

Kadınlardan bazıları hiç sıkıntı çekmeden heykelin önünde resimlerini çektirirken, diğerleri kızarmıştı. Görmemeleri gereken bir şeyi görmüş gibi oradan uzaklaşıyorlardı. Heykel yüzünden kızarmalarının sebebi, kafalarının zinaya yatkın olmasıydı. Çıplaklıkla ilgili uygunsuz duygulara sahiptiler ve çıplak heykeli gördüklerinde bu duygu içindeydiler. Bu tip insanlar, heykeli yakından inceleyen insanları da yargılayabilirler. Fakat Avrupalı turistler ne utanmış ne de benzer duygular içinde göründüler. Olağanüstü bir sanat eseri olarak takdir içinde heykele bakıyorlardı.

Böyle bir durumda hiç kimse Avrupalı turistleri utanmazlıkla yargılayamaz. Eğer farklı kültürleri anlar ve gerçeğe ait olmayan duygularımızı gerçeğe dönüştürürsek utanmak ya da kızarmak zorunda kalmayız. Benliğin ya da zinanın hiçbir bilgisine sahip olmayan Âdem çıplak olarak yaşadı. Ve öylesi bir yaşam çok daha güzeldi.

Üçüncüsü, gerçeğe ait canın işlevlerine sahip olmak için olaylara salt kendi penceremizden bakmamalı ama ayrıca başkalarının penceresinde de bakmalıyız.

Olayları sadece kendi açınız, deneyimleriniz ve düşünce tarzınıza göre kabul ediyorsanız, canın pek çok gerçeğe ait olmayan işlevleri meydana gelir. Muhtemelen kendi düşüncelerinize göre başkalarının sözlerine ekler ya da çıkarırsınız. Yanlış anlayabilir, yargılayabilir, suçlayabilir ve kötü duygulara meydan verebilirsiniz.

Kazada yaralanan bir kişinin acısından çok yakındığını farz edin. Böyle bir acıyı deneyim etmemişler ya da acıya büyük toleransları olanlar, ufacık bir şeyi bu kişinin abarttığını düşünebilirler. Kendi açınıza ve deneyimlerinize göre başkalarının sözlerini değerlendirirseniz, canın gerçek olmayan işlevlerine sahipsinizdir. Başkasının açısından anlamaya çalışırsanız, onu ve hissettiği acının büyüklüğünü anlayabilirsiniz.

Eğer karşınızdaki insanların durumlarını anlar ve onları kabullenirseniz, herkesle barış içinde olursunuz. Nefret edecek ya da size sıkıntı verecek bir durum içinde olmazsınız. Eğer ilk karşınızdakini düşünürseniz, onun yüzünden yaralansanız veya sıkıntı çekseniz bile ondan nefret etmez ama hala onu sevebilir ve ona merhamet edebilirsiniz. Bizim için çarmıha gerilen İsa'nın sevgisini ve Tanrı'nın lütufunu öğrenirseniz, düşmanlarınızı bile sevebilirsiniz. İstefanos için durum böyleydi. Hiçbir yanlışı olmamasına rağmen taşlanırken, kendisini taşlayanlardan nefret etmek yerine onlar için dua etti.

Fakat bazen dilediğimiz gibi gerçeğe ait canın işlevlerine sahip olmayı kolay bulmayabiliriz. Bu yüzden sözlerimiz ve eylemlerimiz konusunda her zaman uyanık olmalı ve gerçeğe ait olmayan canımızın işlevlerini gerçeğe dönüştürmeliyiz. Tanrı'nın lütuf ve gücüyle, duayla devam ederek aldığımız Kutsal Ruh'un yardımıyla gerçeğe ait canın işlevlerine sahip olabiliriz.

## Her Gün Ölüyorum

Güçlü kendine has doğruluğu ve düşünce yapısıyla elçi Pavlus, Hristiyanlara zulmediyordu. Ama Rab'le karşılaştıktan sonra doğru olmayan kendi has doğruluğunu ve düşünce yapısını kavradı ve kendisini öylesine alçakgönüllü kıldı ki, daha önce sahip olduğu her şeyi süprüntü saydı. Başta kendisinde var olan kötülüğü kavradı ve içinde iyiyi yapmak isteyenle kötülüğü yapmak isteyenin mücadelesini anladı (Romalılar 7:24).

Ama yaşamın yasasıyla İsa Mesih'te ki Kutsal Ruh'un kendisini günahın ve ölümün yasasından azat ettiğine olan inancını şükranla ikrar etti. Romalılar 7:25 ayetinde şöyle der: "Rabbimiz İsa Mesih aracılığıyla Tanrı'ya şükürler olsun! Sonuç olarak ben aklımla Tanrı'nın Yasası'na, ama benliğimle günahın yasasına kulluk ediyorum." Ve 1.Korintliler 15:31 ayetinde şöyle: "Kardeşler, sizinle ilgili olarak Rabbimiz Mesih İsa'da sahip olduğum övüncün hakkı için her gün ölüyorum."

"Her gün ölüyorum" dedi; bu, her gün yüreğini sünnet ettiği anlamına gelir. Kısaca kibir, kendini ortaya koyma, nefret, yargılama, öfke, kibir ve açgözlülük gibi kendinde olan gerçek olmayan şeyleri söküp atmıştır. İkrar ettiği gibi kanını dökme pahasına onlarla mücadele ederek onları kendinden uzaklaştırdı. Tanrı, lütuf ve gücünü ona bahşetti ve Kutsal Ruh'un yardımıyla sadece gerçeğe ait canın işlevlerine sahip ruhun insanına dönüştü. Sonunda pek çok belirti ve harikayı ortaya koyarak müjdeyi duyuran çok kudretli bir elçi oldu.

## 3. Bölüm
# Benliğin Şeyleri

Bazı insanlar çekememezlik, kıskançlık, yargılama, suçlama ve düşüncelerde zina gibi günahları işlerler. Bunlar dıştan görünmez ama bu özelliklerde onlarda olduğundan bu günahları işlerler.

Benlik ve Bedenin Eylemleri

'Beden Güçsüzdür' Sözünün Anlamı

Benliğin Şeyleri: Düşüncede İşlenen Günahlar

Benliğin Tutkusu

Gözün Tutkusu

Maddi Yaşamın Verdiği Gurur

*Canın Oluşumu*

Ruhları ölenlerin canları efendi olur ve bedenlerini yönetir. Susadığınızı ve bir şeyler içmek istediğinizi farz edin. O zaman canınız bardağı kavramanızı ve ağzınıza götürmenizi buyuracaktır. Ama o an biri size küfürler savurup sinirlenirse, bardağı kırmak isteyebilirsiniz. Bu nasıl bir canın işlevidir? Bu, benliğe ait canı Şeytan kışkırttığı zaman olur. İnsan, düşman iblis ve Şeytan'ın işlerini, içlerinde var olan gerçek olmayanın büyüklüğü oranında alır. Şeytan'ın işlerini kabul ederlerse, gerçeğe ait olmayan düşüncelere sahip olurlar. Ve eğer iblisin işlerini alırlarsa, gerçek olmayanın eylemlerini ortaya koyarlar.

Bardağı kırma düşüncesini veren Şeytan, bardağı gerçekten kırma eylemeni veren ise iblistir. Düşünceye, 'benliğin şeyi' denir ve eyleme ise 'benliğin işi'. Gerçek olmayana ait eylemlere ve canın işlevlerine sahi olmamızın nedeni, Âdem'in günahından bu yana düşman iblis ve Şeytanın ektikleri ve bunların insan bedeniyle birleşimidir.

## Benlik ve Bedenin Eylemleri

Romalılar 8:13 ayeti şöyle der: "Çünkü benliğe göre yaşarsanız öleceksiniz; ama bedenin kötü işlerini Ruh'la öldürürseniz yaşayacaksınız." Burada geçen 'öleceksiniz' sözü, cehennem olan ebedi ölümle karşı karşıya kalacağınız anlamına gelir. Bu yüzden kastedilen fiziksel bedenlerimizin ölümü değildir; ruhani bir anlamı vardır. Bir sonraki cümlede bedenin kötü işlerini Ruh'la öldürdüğümüz takdirde yaşayacağımız yazar. Bundan kasıt bedenin oturmak, uzanmak ve yemek gibi işlerinden mi kurtulmaktır? Tabi ki değil. Burada geçen 'beden', insana Tanrı tarafından bahşedilen ruhun bilgisinin akıp gittiği kabuk ya da konteynerdir. Bunun ruhani anlamını anlamak için Âdem'in nasıl bir varlık olduğunu öğrenmek zorundayız.

Âdem yaşayan bir varlık olduğunda değerli bedeni ölümsüzdü. Yaşlanmıyordu ve ölerek yitip gitmeyecekti. Parlak, güzel ve ruhsal bir bedeni vardı. Davranışları da, yeryüzüne gelmiş en asil insandan çok daha soyluydu. Fakat günahın ona geldiği ve günah işlediği andan itibaren bedeni, hayvanlardan hiçbir farkı olmayan değersiz bir bedene dönüştü.

Size bir alegoriyle anlatayım. İçinde biraz sıvı olan bir bardağın içindeki sıvı ruhumuza, bardak ise bedenlerimize benzetilebilir. Aynı bardağın, içerdiği sıvıların çeşitliliğine göre farklı değerleri olabilir. Âdem'in bedeni de böyleydi. Yaşayan bir varlık olarak Âdem'de sadece sevgi, iyilik, hakikat, doğruluk gibi bilgiler ve Tanrı'nın bahşettiği ışık vardı. Fakat ruhu ölünce gerçeğin bilgisi ondan aktı ve gerçeğin yerine düşman iblis ve şeytan tarafından benliğin şeyleriyle dolduruldu. Kendisinin bir parçası olan gerçek olmayanın izinde değişti. "Bedenin kötü işlerinin Ruh'la öldürüldüğü" söylenir. Burada geçen 'bedenin işleri' ile gerçek olmayanla birleşmiş bedenden gelen eylemler kastedilir.

Örneğin yumruklarını kaldıran, kapıları çarpan ya da öfkelendiklerinde kaba kuvvet gösteren insanlar vardır. Bazı insanlar her cümlelerinde küfürlü kelimeler sarf ederler. Bazıları karşı cinse tutkuyla bakarken, yine bazıları iffetsiz davranışlar sergilerler.

Bedenin işleriyle kastedilen sadece günahların apaçık eylemleri değil ama ayrıca Tanrı'nın nazarında yetkin olmayan tüm diğer amellerdir. Bazı insanlar konuşurken farkında olmadan parmaklarını insanlara ya da şeylere sallarlar. Bazıları seslerini öylesine yükseltir ki, kavga ediyorlarmış havası eser. Bu şeyler küçük görünebilir ama onlarda gerçeğe ait olmayan şeylerle birleşmiş bedenin işleridir.

'Flesh' kelimesi, Kutsal Kitap'ta sıklıkla kullanılır. Aşağıdaki ayette düz anlamı olan 'insan' kelimesi için kullanılmıştır. Yuhanna 1:14 ayeti şöyle der: "Söz, insan olup aramızda yaşadı. O'nun yüceliğini Baba'dan gelen, lütuf ve gerçekle dolu biricik Oğul'un yüceliğini gördük." Fakat daha çok ruhani anlamı kullanılır.

Romalılar 8:5 ayeti şöyle der: "Benliğe uyanlar benlikle ilgili, Ruh'a uyanlarsa Ruh'la ilgili işleri düşünürler." Ve Romalılar 8:8 ayeti şöyle der: "Benliğin denetiminde olanlar Tanrı'yı hoşnut edemezler."

Yukarıdaki ayetlerde bedenle birleşen günahkâr doğalar kastedildiğinden, 'flesh' kelimesi ruhani anlamıyla kullanılmış ve Türkçe'ye benlik olarak çevrilmiştir. Benlik, gerçeğin bilgisinin akıp gittiği ve günahkâr doğalarla birleştiği bedendir. Düşman iblis ve Şeytan, insana çeşitli günahkâr doğaları ekmiştir ve onlar bedenle bütünleşmişlerdir. Kendilerini hemen eylem olarak göstermezler ama bu özellikler insanda mevcuttur. Dolayısıyla bir eylem olarak her an ortaya çıkabilirler.

Benliğe ait bu özelliklerin her birine 'benliğin şeyi' deriz. Nefret, çekememezlik, kıskançlık, yalan, kurnazlık, kibir, öfke, yargılama, suçlama, zina ve açgözlülük özelliklerinin hepsine 'benlik' denir ve bunların her biri 'benliğin bir şeyidir'.

## 'Beden Güçsüzdür' Sözünün Anlamı

İsa, Getsemani'de dua ederken öğrencileri uyuyordu. Petrus'a şöyle dedi: "Uyanık durup dua edin ki, ayartılmayasınız. Ruh isteklidir, ama beden güçsüzdür." (Matta 26:41). Fakat bu, vücutlarının güçsüz olduğu anlamını taşımaz. Balıkçı olduğu için Petrus'un sağlam bir vücudu vardı. Öyleyse 'beden güçsüzdür' cümlesi ne anlama gelir?

Petrus'un henüz Kutsal Ruh'u almadığı, tamamen günahlarını söküp atamadığından hala benliğin insanı olduğu ve bu sebeplerden olayı ruha ait bedeni yetiştirmediği anlamını taşır. Bir insan günahlarını söküp attığında ve ruha ulaştığında ya da kısaca ruhun ve gerçeğin insanı olduğunda bedeni ve canı, ruhu tarafından yönetilir. Bu yüzden gönülden uyanık kalmayı istediğinizde beden çok yorgun olsa bile uykuya düşmekten kaçınabilirsiniz.

Fakat o zamanlar Petrus, ruha erişmemiş olduğundan yorgunluk ve tembellik gibi benliğe ait özellikleri kontrol edemiyordu. Uyanık kalmaya çalışsa bile başaramadı. Fiziksel sınırların içersine hapisti. Böylesi fiziksel sınırların içine hapis olmak, bedeninin güçsüz olduğu anlamını taşır.

Fakat İsa'nın dirilişinden ve göğe yükselişinden sonra Petrus, Kutsal Ruh'u aldı. Artık sadece benliğe ait özellikleri yönetmekle kalmıyor ama ayrıca hastaları iyileştiriyor ve hatta ölüyü bile diriltiyordu. Müjdeyi öylesine güçlü bir iman ve cesaretle duyurdu ki, baş aşağı çarmıha gerilmeyi tercih etti.

İsa'ya gelince; doğru düzgün uyumasa ve yemese bile Tanrı'nın egemenliğinin müjdesini duyurdu ve gece-gündüz insanları iyileştirdi. Ruhu bedenini yönettiğinden çok yorgun olduğu zamanlarda dahi teri kandamlaları gibi yere düşecek şekilde dua edebildi. İsa'da ne orijinal günah ne de kendisinin işlemiş olduğu günahlar vardı. Bu yüzden bedenini ruhuyla yönetebildi. Bazı inanlılar, 'bedenim güçsüz' özrünü vererek günah işlerler. Bu ifadenin ruhani anlamını bilmedikleri için böyle söylerler. İsa'nın çarmıha gerilerek kanını akıtması sadece bizleri günahlarımızdan değil ama ayrıca güçsüzlüklerimizden de kurtardığını anlamak zorundayız. İman sahibi olur ve Tanrı'nın Sözü'ne itaat edersek, ruhta ve bedende sağlıklı olabilir ve insanın sınırlarının ötesindeki şeyleri yapabiliriz. Dahası Kutsal Ruh'un yardımını alırız. Bu yüzden dua edemeyeceğimizi ya da hiçbir seçimimiz olmadığını ve bedenimiz güçsüz olduğundan günah işlediğimizi söylememeliyiz.

### Benliğin Şeyleri: Düşüncede İşlenen Günahlar

Eğer insanda günahkâr doğalarla bütünleşen benliğin bedeni varsa sadece düşüncede değil ama eylemlerle de günah işlerler. Eğer insanlarda yalancılığın özellikleri varsa, aleyhte bir durumda başkalarını aldatacaklardır. Eğer günahı eylemle ortaya dökmez ama yürekte işlerlerse, buna 'benliğin şeyi' deriz.

Komşunuza ait güzel bir mücevheri gördüğünüzü farz edin. Onu almayı ya da çalmayı düşündüğünüzde zaten yürekte günah işlemiş sayılırsınız. İnsanların çoğu bunu günahtan saymazlar. Ama Tanrı, yürekleri tarar ve hatta düşman iblis ve Şeytan bile insanın bu yüreğini bilir. Dolayısıyla 'benliğin şeyi' diye adlandırılan bu tür günahlar için bile suçlamalar getirir.

Matta 5:28 ayetinde İsa şöyle demiştir: "Ama ben size diyorum ki, bir kadına şehvetle bakan her adam, yüreğinde o kadınla zina etmiş olur." 1. Yuhanna 3:15 ayetinde şöyle yazar: "Kardeşinden nefret eden katildir. Hiçbir katilin sonsuz yaşama sahip olmadığını bilirsiniz" Eğer yürekte günah işliyorsanız, aslında o günahı eyleme dökmenin temelini atmış sayılırsınız.

Nefret etmenize ve hatta yüzüne tokat atmayı istemenize rağmen yüzünüzde tebessümle o kişiyi sever gibi görünebilirsiniz. Eğer bir şey olur ve artık bu duruma daha fazla tolerans gösteremez olursanız, öfkeniz patlayabilir ve o kişiye kavgaya tutuşabilirsiniz. Fakat nefret denilen günahkâr duygunun kendisini söküp atarsanız size zorluk çıkarsa bile bir daha o kişiden asla nefret etmezsiniz.

Romalılar 8:13 ayetinde, " Çünkü benliğe göre yaşarsanız

öleceksiniz," yazıldığı gibi, benliğin şeylerini atmadığınız sürece eninde sonunda benliğin işlerini işlersiniz. Ancak ayet ayrıca şöyle der: "...ama bedenin kötü işlerini Ruh'la öldürürseniz yaşayacaksınız." Dolayısıyla, benliğe ait şeyleri birer birer söküp atarsanız, kutsal ve tanrısal eylemlere sahip olmanız mümkündür. Öyleyse benliğin şeyleri ve işlerini ne kadar çabuk söküp atabiliriz?

Romalılar 13:13-14 ayetleri şöyle der: "Çılgınca eğlenceye ve sarhoşluğa, fuhşa ve sefahate, çekişmeye ve kıskançlığa kapılmayalım. Gün ışığında olduğu gibi, saygın bir yaşam sürelim. Rab İsa Mesih'i kuşanın. Benliğinizin tutkularına uymayı düşünmeyin." 1. Yuhanna 2:15-16 ayetlerinde ise şöyle: "Dünyayı da dünyaya ait şeyleri de sevmeyin. Dünyayı sevenin Baba'ya sevgisi yoktur. Çünkü dünyaya ait olan her şey -benliğin tutkuları, gözün tutkuları, maddi yaşamın verdiği gurur- Baba'dan değil, dünyadandır."

Bu ayetlerden, dünyadaki her şeyin benliğin tutkularından, gözün tutkularından ve maddi yaşamın verdiği gururdan oluştuğunu kavrayabiliriz. Tutku, insanı çürüyüp gidecek şeyleri aramaya ve tasdik etmeye iten enerji kaynağıdır. İnsanların dünya için iyi duygulara sahip olmasını ve sevmesini sağlayan güçlü bir kuvvettir.

Yaratılış 3:6 ayetinde yılan tarafından aklı çelinen Havva'nın betimlendiği sahneye geri dönelim. Yaratılış 3:6 ayetinde şöyle yazar: "Kadın ağacın güzel, meyvesinin yemek için uygun ve bilgelik kazanmak için çekici olduğunu gördü. Meyveyi koparıp yedi. Yanındaki kocasına verdi, o da yedi." Yılan Havva'ya tanrılar gibi olacaklarını söylemişti. O anda bu sözü reddetmedi ve günahkâr doğa Havva'ya gelerek benlik olarak içine yerleşti. Artık benliğin tutkusu oradaydı ve meyve yemek için güzel görünüyordu. Gözün tutkuları geldi ve meyve gözlerine hoş göründü. Maddi yaşamın verdiği gurur geldi ve meyve bir kişiyi bilge yapmak için cazipti. Bu tutkuyu alan Havva meyveyi yemek istedi ve yedi. Geçmişte Tanrı'nın Sözüne itaatsizlik etmeye hiç niyetlenmemişti ama tutkusu motive edilince meyve hoş ve güzel göründü. Tanrı gibi olmak istediğinden sonunda Tanrı'ya itaatsizlik etti.

Benliğin tutkuları, gözün tutkuları ve maddi yaşamın verdiği gurur, günahları ve kötülüğü iyi ve hoş görmemizi sağlar. Bu da benliğin şeylerinin ve sonunda benliğin işlerinin doğmasına neden olur. Bu yüzden benliğin şeylerini söküp atmak için önce bu üç tutkuyu söküp atmalıyız. O zaman benliğin kendisini yüreklerimizden sökmeye başlayabiliriz.

Eğer Havva, meyveyi yemenin sebep olduğu o büyük acıyı biliyor olsaydı, yemek için iyi olduğunu hissetmez ve meyve de gözlerine hoş görünmezdi. Yemeyi bırakın, dokunmayı ve onu görmeyi bile tiksinti verici bulurdu. Aynı şekilde dünyayı sevmenin bize ne büyük acılar getireceğini ve ceza olarak bizleri cehenneme düşüreceğini bilirsek, kesinlikle dünyayı sevmeyiz. Günahla lekelenmiş dünyevi şeylerin ne kadar değersiz olduğunu bir kez kavrarsak, benliğe olan arzumuzu kolayca söküp atabiliriz. Bunu detaylıca anlatayım.

## Benliğin Tutkusu

Benliğin tutkusu, benliği izleyen ve günah işleyen doğadır. Nefret, öfke, bencil ve şehvani arzular, çekememezlik ve gurur gibi özelliklere sahip olduğumuzda, benliğin tutkusu ajite olabilir. Günahkâr doğaların ajite olduğu durumlarla karşı karşıya geldiğimizde ilgi ve merak uyanır. Bu da günahlar hakkında iyi ve hoş hissetmemizi sağlar. O anda benliğin şeyleri ortaya konur ve benliğin işleri olarak gelişirler.

Örneğin yeni bir inanlının içkiyi bırakmaya karar verdiğini ama 'benliğin şeyi' olan içkiyi içmeye hala arzu duyduğunu farz edin. Dolayısıyla insanlar alkol tükettiği bir bara ya da yere giderse, içki içmek için benliğin tutkusu uyarılır. Bu da o kişinin arzusunu fişekler ve içki içip sarhoş olmasına yol açar.

Size bir başka örnek daha vereyim. Başkalarını yargılama ve suçlama özelliğine sahipsek, başkaları hakkındaki söylentileri duyma arzusu eğiliminde oluruz. Söylentileri dinlemenin ve onları yaymanın, başkaları hakkında konuşmanın eğlenceli olduğunu düşünebiliriz. Öfkeliysek ve bizimle aynı kanıda olmayan bir şey mevcutsa, bu yüzden bir başkasına öfkelenmek bize kendimizi dinç ve iyi hissettirir. Benliğe ait öfkeyi izlememek için kendimizi denetlemeye çalışmamız, bize büyük acı ve sıkıntı verir. Gururlu bir karakterimiz varsa, gururumuzla kendimizi övme huyuna sahip olabiliriz. Yine aynı gururlu karakterimizle başkalarının bize hizmet etmesini isteyebiliriz. Eğer zengin olmayı arzuluyorsak, başkalarının zararı, ıstırabı pahasına zengin olmaya çalışırız. Benliğin bu tutkusu, ne kadar günah işlersek o kadar artar.

Fakat bir kişi kendini adayarak dua ediyor, başkalarıyla paydaşlık içinde olduğundan lütuf alıyor ve Kutsal ruh ile doluyorsa, isterse yeni inanlı ve zayıf imanlı biri olsun, benliğin tutkusu kolayca uyarılmaz. Aklının bir ucunda benliğin tutkusu yükselse bile gerçekle onu derhal uzaklaştırabilir. Ama eğer dua etmeyi sonlandırır ve Kutsal Ruh'un doluluğunu kaybederse, yeniden benliğin tutkusunu uyandırması için düşman iblis ve Şeytan'a yer açar.

Öyleyse benliğin tutkusunu söküp atmakta önemli olan nedir? Kutsal Ruh'un doluluğunu muhafaza etmektir. Bu sayede ruhu arama arzunuz, benliği arama arzunuzdan daha güçlü olacaktır. 1. Petrus 5:8 ayetinde, "Ayık ve uyanık olun. Düşmanınız İblis kükreyen aslan gibi yutacak birini arayarak dolaşıyor." yazdığı gibi her daim uyanık olmalıyız.

Bunu yapmak için kendimizi adayarak dua etmekten vazgeçmemeliyiz. Eğer dua etmeyi kesersek, Tanrı'nın işlerini yapmakla çok meşgul olsak bile Kutsal Ruh'un doluluğunu kaybederiz. O zaman benliğin tutkusunun uyarılması için yol açılır. Bu şekilde hem düşüncede hem de eylemde günahlar işleyebiliriz. Bu yüzden Tanrı'nın Oğlu İsa bile yeryüzündeki yaşamı boyunca sürekli dua ederek iyi bir örnek ortaya koymuştur. Baba'yla iletişim kurmak için duaya asla son vermemiş ve O'nun isteğini gerçekleştirmiştir.

Kuşkusuz ki günahı söküp atar ve kutsallaşırsanız, benliğin hiçbir tutkusu gün yüzüne çıkmaz ve böylece benliğe teslim olup günah işlemezsiniz. Dolayısıyla kutsallaşmış olanlar, benliğin tutkusunu söküp atmak için değil ama daha da Ruh'la dolmak ve daha fazla Tanrı'nın egemenliğini başarmak için dua edeceklerdir.

Giysilerimizde insan pisliği olsa ne yapardık? Sadece silmekle kalmaz ama kokuda gitsin diye sabunlarla yıkardık. Giysilerimizde kurtçuk olsaydı, şaşkınlıkla derhal silkelerdik. Fakat yüreğin günahları, insan pisliğinden ya da kurtçuklardan çok daha pis ve kirlidir Matta 15:18 ayetinde, "Ne var ki ağızdan çıkan, yürekten kaynaklanır. İnsanı kirleten de budur." yazdığı gibi, bir insana iliklerine kadar zarar ve büyük acı verir.

Peki ya kocasının bir ilişkisi olduğunu öğrenen kadın? Onun

için ne üzücü! Tersi olduğunda da durum aynıdır. Ailede huzuru bozan kavgalar olur. Hatta ailenin parçalanmasına bile neden olur. Günahı ve hoş olmayan sonuçları doğurduğu için benliğin tutkularını hızla söküp atmalıyız.

**Gözün Tutkusu**

'Gözün tutkusu', duyma ve görmeyle insanın yüreğini uyarır ve kişinin benliğin şeylerini aramasını sağlar. 'Gözlerin tutkusu' dense de gelişimi esnasında insanın yüreğine görme, duyma ve hissetme yoluyla girer. Kısaca gördükleri ve duydukları, onlara duygular vermek için yüreklerine tesir eder ve bu yolla 'gözün tutkularını' edinirler.

Gördüğünüz bir şeyi duygularla alırsanız, ona benzer bir şeyi gördüğünüzde aynı duyguya sahip olursunuz. Hatta hiç görmeden ama salt duyarak bile geçmiş deneyimleri hatırlarsınız; böylece gözün tutkusu uyarılır. Gözün tutkusunu almaya devam etmeniz, benliğin tutkusunu motive eder ve sonunda günah işlersiniz.

Uriya'nın karısı Bat-Şeva'yı yıkanırken gören Davut'a ne oldu? Gözün tutkusunu söküp atmak yerine kabul etti ve bu da kadına sahip olma arzusunu veren benliğin tutkusunu doğurdu. Sonunda kadını aldı ve hatta kocası Uriya ölsün diye onu savaşın en çetin yaşandığı yere yollama günahını işledi. Bunu yaparak

Davut üzerine büyük bir sınamanın gelmesine neden oldu. Eğer gözün tutkusunu söküp atmazsak, içimizdeki günahkâr doğaları uyarmaya devam eder. Örneğin izlediğimiz müstehcen bir şey, zinaya eğilimli aklımızın günahkâr doğasını motive eder. As Gözlerimizle gördüğümüzden tutku gözlerimizle gelir ve Şeytan'da ayrıca gerçeğe ait olmayanın yönüne düşüncelerimizi iter.

Tanrı'ya inananlar, gözün tutkusunu onaylamamalıdır. Gerçek olmayanı ne görmeli ne de duymalısınız. Hatta gerçek olmayanlarla temas edeceğiniz yerlere bile gitmemelisiniz. Gözün tutkunuzu söküp atmadığınız takdirde benliğinizi çekip almak için ne kadar çok dua etseniz, oruç tutsanız ve geceleri duayla ayık kalsanız bile benliğin tutkusu güçlenecek ve daha da güçlü motive olacaktır. Bunun sonucunda benliği söküp atmanız kolay olmaz ve günahla karşı mücadele etmenin çok zor olduğunu düşüneceksiniz.

Mesela bir savaş esnasında eğer sur içindeki askerler kent dışından yardım alırlarsa, savaşmaya devam etmek için güçleri olur. Kent surları içindeki düşman güçlerini yok etmek kolay olmaz. Dolayısıyla kenti yenilgiye uğratmak için önce onun etrafını sarmalı ve yardım hatlarını kesmeliyiz; bu sayede düşman güçleri yiyecek ve silah tedarik edemezler. Eğer bu vaziyeti muhafaza ederek saldırmaya devam edersek, düşman güçleri eninde sonunda yok olur.

Bu örnekten yola çıkacak olursak; kent içindeki düşman gücü gerçeğe ait olmayan ya da diğer adıyla içimizdeki benlik ise, dışarıdan gelen yardım ise gözün tutkusu olur. Eğer gözün tutkusunu söküp almazsak, oruçla ya da dualarla bile günahları söküp atamayız çünkü günahkâr doğalar sürekli güç bulur. Bu yüzden önce gözün tutkusunu söküp almalı ve içimizdeki günahkâr doğalardan kurtulmak için dua edip oruç tutmalıyız. O zaman Tanrı'nın lütufu ve gücüyle onları atabilir ve Kutsal Ruh'un doluluğunu alabiliriz.

Daha basit bir örnek vereyim. Kirli suyla dolu bir kaba temiz su boşaltmaya devam edersek, sonunda kirli su temizlenir. Ama ya temiz suyla kirli suyu aynı ayna boşaltıyorsak? Eğer hepsi temiz su değilse, ne kadar uzun bir süre su boşaltırsak boşaltalım kaptaki kirli su temizlenmez. Aynı şekilde bizlerde gerçeğe ait olmayan şeyleri değil ama sadece gerçeğe ait şeyleri almalıyız ki, benliği sökelim ve ruhun yüreğini yetiştirelim.

## Maddi Yaşamın Verdiği Gurur

İnsanlarda gururlanma arzusu vardır. "Maddi yaşamın verdiği gurur", bu yaşamın zevkleriyle ilgili doğamızdaki beyhudelik ve övünçtür. Örneğin insanlar aileleriyle, çocuklarıyla, eşleriyle pahalı giysileriyle, güzel evleriyle ve mücevherleriyle övünmeyi isterler. Görünüşleri ya da yetenekleriyle kabul görmeyi isterler. Hatta nüfuslu insanlarla ya da ünlülerle dost olmaktan böbürlenirler. Eğer sizde maddi yaşamın verdiği gurur varsa bu dünyanın zenginliğine, ününe, bilgisine, yeteneğine ya da görünüşüne değer verir ve heyecanla bunları ararlar.

Fakat bunlarla gururlanmanın faydası ne? Vaiz 1:2-3 ayetleri, güneş altındaki her şeyin boş olduğunu söyler. Mezmurlar 103:15 ayetinde, "İnsana gelince, ota benzer ömrü, Kır çiçeği gibi serpilir;" yazdığı gibi bu dünyayla övünmek yaşamın gerçek değerini bizlere sunmaz. Aksine bu, Tanrı'ya düşmanca durmaktır ve bizleri ölüme taşır. Eğer benliğin anlamsızlığını söküp atarsak, bu övünç ve tutkudan azat olacak ve sadece gerçeği izleyeceğiz.

1.Korintliler 1:31 ayeti, Rab'le övünmemizi bize söyler. Kendimizi yükseltmek için övünmemeli ama Tanrı'nın görkemi için övünmeliyiz. Yani çarmıhla ve bizleri kurtaran Rab'le ve bizler için hazırladığı göksel egemenlikle övünmeliyiz. Ayrıca lütuf, kutsama, görkem ve Tanrı bize her ne bahşettiyse onunla övünmeliyiz. Rab'le övündüğümüzde, Tanrı bundan hoşnut olur ve bizlere hem maddi hem de ruhani kutsamalar bahşeder.

İnsanın görevi tanrı'dan saygıyla korkmak ve O'nu sevmektir; her insanın değeri, ruhun insanına dönüştüğü ölçüde belirlenir (Vaiz 12:13).

Benliğin işleri ve şeyleri olan tüm günahları ve kötülüğü bir kez söküp attığımızda ve Tanrı'nın kaybolan suretini geri kazandığımızda, ruhani bir varlık olan Âdem'in seviyesinin ötesine erişebiliriz. Bu, ruhun ve bütünüyle ruhun insanı olduğumuz anlamına gelir. Bu yüzden benliğin tutkularını asla edinmemeli ve kendimizi sadece Mesih'le donatmalıyız.

## 4. Bölüm
# Yaşayan Ruh Seviyesinin Ötesi

Bir kez benliğin düşüncelerini yıktığımızda, benliğe ait canın işlevleri de yok olur ve sadece ruha ait canın işlevleri kalır. Can, efendi olan ruha 'Âmin' diyerek tamamen itaat eder. Efendi, bir efendinin ve uşakta bir uşağın görevlerini yerine getirdiğinde, canımızın gönenç içinde olduğunu söyleriz.

İnsanın Sınırlı Yüreği

Ruhun İnsanı Olmak

Yaşayan Ruh ve Yetişmiş Ruh

Ruhani İman Gerçek Sevgidir

Kutsallığa Doğru

Yeni doğan bebeklerde insandır ama tam bir insan gibi davranamazlar. Hiç bir bilgiye sahip değildirler. Anne-babalarını bile tanıyamazlar. Nasıl hayatta kalacaklarını bilmezler. Aynı şekilde yaşayan bir ruh olarak yaratılanda Âdem'de başlangıçta bir insan olarak görevlerini yerine getirmekten yoksundu. Ancak ruhun bilgisiyle doldurulduktan sonra anlamlı bir varlığa dönüştü. Ruhun bilgisini teker teker Tanrı'dan öğrendikçe tüm yaratılmışların efendi olarak yaşamaya başladı. O zamanlar Âdem'in yüreği, ruhun kendisiydi. Bu yüzden 'yürek' kelimesini kullanmaya gerek yoktu.

Fakat günah işledikten sonra ruhu öldü. Ruhun bilgisi azar azar ondan akmaya başladı ve onun yerini düşman iblis Ve Şeytan'dan gelen benliğin bilgisi doldurdu. Artık yüreği bir daha ruh diye çağrılmadı ve o andan itibaren yürek olarak adlandırıldı.

Orijinal olarak Âdem'in yüreği, ruh olan Tanrı'nın suretinde yaratılmıştı. Ayrıca Âdem'in yüreği, ruhun bilgisiyle dolduğu ölçüde genişleyebilirdi. Fakat ruhu öldükten sonra gerçeğe ait olmayan bilgi ruhunu çevreledi ve şimdi yüreğine artık belli sınırları vardır. İnsanın efendisi olan canın aracılığıyla insanlar farklı bilgileri almaya ve bu bilgileri farklı şekillerde kullanmaya başladılar. Farklı bilgilere ve bilgilerin farklı şekillerde kullanımına göre insanın yüreği farklı şekillerde hareket etmeye başladı.

Bu yüzden nispeten daha büyük yürekleri olanlar bile hala kendilerine has doğrulukları, kişisel yapıları ve fikirleriyle inşa edilmiş belli sınırların ötesine geçemezler. Fakat bir kez İsa Mesih'e iman eder, Kutsal ruh'u alır ve Ruh'la ruhumuzun doğuşuna izin verirsek, o zaman bu insani sınırların ötesine geçebiliriz. Ayrıca ruhun yüreğini yetiştirdiğimiz ölçüde sınırsız ruhani dünyayı duyumsayabilir ve öğrenebiliriz.

### İnsanın Sınırlı Yüreği

Canın insanları Tanrı'nın Sözünü dinlediklerinde, aldıkları mesaj ilk önce beyinlerine yerleşir ve insanın düşünceleri olarak kullanılır. Bu sebeple O'nun sözünü yürekleriyle alamazlar. Doğal olarak ne ruhani şeyleri anlayabilir ne de kendilerini gerçekle değiştirebilirler. Kendi sınırlı yürekleriyle ruhani dünyayı anlamaya çalışır ve bu yüzden çok yargılarlar. Ayrıca Kutsal Kitap'ın atalarıyla ilgili bile pek çok şeyi yanlış anlar ve yargılarlar.

Bazıları; Tanrı'nın, tek oğlu İshak'ı İbrahim'den kurban vermesini buyurması hususunda, İbrahim'in itaatinin çok zor olmuş olduğunu söyler. Şu tip şeyler söylerler: Tanrı, İbrahim'in imanını test etmek için ondan üç günlük yolu olan Moriya bölgesine gitmesini istedi. Yolda giderken İbrahim kesinlikle Tanrı'nın bu buyruğuna uymak ya da uymamak konusunda düşünerek büyük bir ıstırap çekmiş olmalı. Fakat sonunda Tanrı'ya itaat etmeyi seçti. İbrahim gerçekten böyle düşündü mü? Eşi Sara'ya bile danışmadan sabahın erken saatinde evden ayrıldı. Ölüyü diriltebilen Tanrı'nın gücüne ve iyiliğine tamamen güveniyordu. Bu yüzden oğlu İshak'I hiç tereddütsüz verebilirdi. Tanrı, onun içyüreğini gördü ve onun imanıyla sevgisini tasdik etti. Bunun sonucunda İbrahim imanın atası oldu ve 'Tanrı'nın bir dostu' olarak çağrıldı.

Eğer bir insan, Tanrı'nın hoşnut olduğu iman seviyesini ve itaati anlamıyorsa, bu gibi şeyleri de yanlış anlar çünkü sınırlı yüreği ve iman ölçütüyle düşünür. İnsanlar günahlarını söküp attıkları ve ruhun yüreğini yetiştirdikleri ölçüde Tanrı'yı azami ölçüde sever ve hoşnut ederler.

## Ruhun İnsanı Olmak

Tanrı ruhtur ve çocuklarının da ruhun insanları olmasını ister. Öyleyse ruhun insanları olmak için ne yapmalıyız? Ruhu, canının ve bedenin efendisi olan insanlar olmak için ne yapmalıyız? Her şeyden önce gerçeğe ait olmayan düşünceler olan benliğin düşüncelerini söküp atmalıyız ki, Şeytan'ın yönetiminde olmayalım. Onun yerine gerçeğin sözüyle yüreklerimize tesir eden Kutsal Ruh'un sesini duymalıyız. Canımızın, o sese tamamen itaat etmesini sağlamalıyız. Tanrı'nın sözünü duyduğumuzda, 'Âmin' diyerek onu kabul etmeli ve Tanrı'nın Sözünün ruhani anlamını anlayana kadar içtenlikle dua etmeliyiz. Bunu yapıp da Kutsal Ruh'un doluluğunu alırsak, ruhlarımız efendi olur ve her gün Tanrı'yla iletişim içinde olacağımız ruhani bir boyuta ulaşabiliriz. Bu şekilde can efendi olan ruha itaat eder ve tamamen kölesi olarak hareket ederse, o zaman canımızın 'gönenç' içinde olduğunu söyleyebiliriz. Canımız gönenç içindeyse, her şeyde gönenç içinde ve sağlıklı oluruz.

Eğer canın işlevini net bir şekilde anlar ve Tanrı'nın arzuladığı şekilde onu eski haline getirirsek, o zaman Şeytan'ın kışkırtmalarını almayız. Bu şekilde Âdem'in günah işleyerek kaybettiği Tanrı'nın kaybolan suretini geri kazanabiliriz. O zaman ruh, can ve beden arasındaki düzen uygun bir şekilde düzenlenmiş olur ve Tanrı'nın gerçek çocukları olabiliriz. O zaman Âdem'in seviyesi olan yaşayan ruh seviyesinin ötesine bile geçebiliriz. Sadece tüm şeyleri yönetmek için yetkinlik ve güç almakla kalmaz ama ayrıca Aden Bahçesinden çok daha yüksek bir seviyede olan göksel egemenlikte sonsuz sevincin ve mutluluğun tadına varabiliriz. 2. Korintliler 5:17 ayetinde, "Bir kimse Mesih'teyse, yeni yaratıktır; eski şeyler geçmiş, her şey yeni olmuştur." dendiği gibi, Rab'de tamamen yepyeni bir yaratık oluruz.

**Yaşayan Ruh ve Yetişmiş Ruh**

Belli şeyleri yapmamamızı veya muhafaza etmemizi söyleyen Tanrı'nın buyruklarına itaat etmemiz, benliğin işlerini işlemediğimiz ve kendimizi gerçekte muhafaza ettiğimiz anlamına gelir. Yine bu ölçüde giderek ruhun insanlarına dönüşürüz. Gerçeğe ait olmayan şeyleri uygulayan benliğin insanları olduğumuz sürece çeşitli sorunlarımız ya da hastalıklarımız olur. Fakat bir kez ruhun insanına dönüştüğümüzde, her şeyde gönenç içinde ve sağlıklı oluruz. Ayrıca Tanrı'nın söküp atmamızı söylediği belli şeyleri söküp attıkça, benliğimizin şeyleri ve işleri parçalanır; böylece gerçeğe ait cana sahip oluruz. Sadece gerçeği düşünürsek, Kutsal Ruh'un sesini daha net duyarız. Belli şeyleri söküp atmamızı, tutmamızı ya da yapmamamızı söyleyen Tanrı'nın buyruklarına tam itaat edersek, içimizde gerçeğe ait olmayan hiçbir şey kalmadığından ruhun insanları olarak kabul görülebiliriz. Ayrıca belli şeyleri yapmamızı söyleyen Tanrı'nın buyruklarını bütünüyle yerine getirirsek, bütünüyle ruhun insanları oluruz.

Bunun yanı sıra ruhun insanıyla yaşayan bir ruh olan Âdem arasında büyük bir fark vardır. Âdem, insanın yetiştirilmesi vesilesiyle benliğe ait hiçbir şeyi deneyim etmemişti. Bu yüzden tam anlamıyla ruhani bir varlık sayılmadı. Benliğin sebep olduğu kederi, acıyı, ölümü ya da ayrılığı asla anlayamadı. Bu, onun gerçek anlamda şükranı ve sevgiyi de anlayamadığı anlamına gelir. Tanrı onu çok sevmiş olmasına rağmen o sevginin ne kadar güzel bir şey olduğunu takdir edemedi. En iyi şeylerin tadını çıkarıyordu ama çok mutlu olduğunu hissedemedi. Yüreğini

Tanrı'yla paylaşabilen Tanrı'nın gerçek bir çocuğu olamadı. Bir kişi ancak benliğe ait şeylerden geçerse ve onları bilirse, gerçek anlamda ruhani bir varlık olabilir.

Yaşayan bir ruh iken, Âdem benliğe ait hiçbir şeyi deneyim etmemişti. Bu sebeple her zaman benliği ve yozluğu kabul etme olasılığı oldu. Gerçeğin ışığında Âdem'in ruhu tam ve yetkin değil ama ölebilecek bir ruhtu. Bu yüzden yaşayan bir ruh anlamına gelen yaşayan varlık olarak adlandırıldı. O zaman biri, Şeytan'ın akıl çelmelerini yaşayan bir ruhun nasıl kabul edebileceğini sorabilir. Burada bir alegori vereyim.

Bir ailede iki çok itaatkâr çocuk olduğunu farz edin. Bunlardan biri sıcak suyla haşlanmışken, diğer asla haşlanmamış olsun. Bir gün anneleri, içinde kaynayan su olan cezveyi işaret ederek ona dokunmamalarını tembihlesin. İkisi de annelerini dinleyen çocuklar olduklarından dokunmasınlar.

Fakat suyla haşlanan çocuk, kaynayan suyun ne kadar tehlikeli olduğunu yaşamış olduğundan annesinin tembihine istekle itaat edecektir. Ayrıca onları seven ve uyaran annelerinin yüreğini de anlar. Böyle bir deneyim hiç yaşamamış olan diğer çocuğun içinde ise üzerinden buhar gelen cezveye karşı merak uyanır. Annesinin niyetini anlamasına imkân yoktur. Merakla sıcak cezveye dokunma ihtimali her zaman vardır.

Aynı durum yaşayan ruh olan Âdem içinde geçerliydi. Günahın kötü ve korkutucu olduğunu duymuş ama onları asla deneyim etmemişti. Günahın ve kötülüğün ne anlama geldiğini anlamasının hiçbir yolu yoktu. Göreceliği deneyim etmemiş olduğundan sonunda kendi özgür iradesiyle Şeytan'ın aklını çelmesine izin verdi ve meyveyi yedi.

Farklı şeyler arasındaki göreceliği asla anlamamış olan yaşayan ruh Âdem'in aksine; Tanrı, benliği deneyim ettikten sonra ruhun yüreğini elde eden ve asla hiçbir koşul altında fikirlerini değiştirmeyen gerçek çocuklar arzuladı. Onlar benlikle ruh arasındaki farkı gayet iyi bilirler. Yeryüzünde günahı, kötülüğü, acıyı ve kederi yaşamışlardır; dolayısıyla benliğin ne denli acı verici, kirli ve anlamsız olduğunu bilirler. Ayrıca ruhun, benliğin tamamen zıttı olduğunu da gayet iyi bilirler. Onun ne kadar güzel ve iyi olduğunu bilirler. Bu yüzden kendi özgür iradeleriyle asla bir daha benliği kabul etmezler. Yaşayan ruhla yetişmiş ruh arasındaki fark budur.

Yaşayan bir ruh koşulsuz itaat ederken, yetişmiş bir ruh iyiyle kötüyü deneyim ettikten sonra yürekten itaat eder. Ayrıca tüm günahları ve kötülüğü söküp atmış olan ruhun bu insanları, göklerdeki farklı yaşam alanları içersinde göğün üçüncü katına girmekle kutsanacaklardır. Bütünüyle ruha erenleri ise Yeni Yeruşalim bekler.

### Ruhani İman Gerçek Sevgidir

İmanda ilerleyerek bir kez ruhun insanları olduğumuzda, tamamen farklı bir boyutun sevinç ve mutluluğunu duyumsayabileceğiz. Yüreklerimizde gerçek huzura sahip olacağız. 1. Selanikliler 5:16-18 ayetinde yazdığı gibi her daim sevinecek, sürekli dua edecek ve her durumda şükredeceğiz. Bize gerçek mutluluğu bahşeden Tanrı'nın yüreğini ve isteğini anladığımızdan Tanrı'yı gerçek bir yürekle sevip O'na şükredeceğiz. Tanrı'nın sevgi olduğunu duyduk ama ruhun insanları olmadan önce o sevgiyi gerçekten bilemeyiz. Ancak insanın yetiştirilme süreci vesilesiyle Tanrı'nın takdiri ilahisini anladığımızda Tanrı'nın bizzat sevgi olduğunu ve her şeyin üstünde O'nu sevmemiz gerektiğini anlayabiliriz.

Yüreklerimizden benliği söküp atmadığımız sürece sevgimiz ve şükranlarımız hakikate uygun değildir. Tanrı'yı sevdiğimizi ve O'na şükran duyduğumuzu söylememize rağmen işler bizim lehimize gitmediğinde değişebiliriz. İyi şeyler olduğunda şükran duyarız ama kısa bir süre geçtiğinde o lütufu unuturuz. Eğer önümüzde zorluklar varsa, lütufu hatırlamak yerine bıkkınlık içine düşer ve hatta öfkeleniriz. Aldığımız lütufu unutur ve şükran duygularımızı unuturuz.

Fakat ruhun insanlarının şükranı yüreklerinin derinliklerinden gelir ve zaman geçse bile asla değişime uğramaz. Tüm katlanılması zor acılara rağmen insanları yetiştiren Tanrı'nın takdiri ilahisini anlar ve yüreklerinden hakikate uygun olarak şükran duyarlar. Ayrıca bizim için çarmıhı yüklenen Rab İsa'yı ve bizi gerçeğe taşıyan Kutsal Ruh'u gerçekten sever ve şükran duyarlar. Onların sevgisi ve şükranı asla değişmez.

## Kutsallığa Doğru

İnsanlar günahla bozulmuştu ama İsa Mesih'e iman edip kurtuluş lütufunu aldıktan sonra imanla ve Kutsal Ruh'un gücüyle değişebilirler. Yaşayan ruh seviyesinin ötesine o zaman geçebilirler. Gerçeğe ait olmayanların onları terk ettiği ve onun yerine gerçekle doldukları ölçüde kendilerinde kutsallığı başararak ruhun insanları olabilirler.

Çoğu vakada insanlar kötü şeyler gördüklerinde gördüklerini içlerinde mevcut olan gerçeğe ait olmayan şeylerle birleştirir ve böylece kötü hisler duyar ve kötü düşünürler. Bu şekilde kötü ameller işlemeye eğilimli olurlar. Fakat kutsallaşmış olanların içlerinde gerçek olmayana ait hiç bir şey yoktur ve bu yüzden onlarda ne kötü düşünceler ne de kötü ameller gelir. En baştan kötü şeyleri görmezler; ama bu gibi şeyleri görseler bile onlar kötü düşünceler veya amellerle bağlantıları olmaz.

Yüreğimizin derinliklerine yerleşmiş kötülüğü çekip çıkararak üzerinde hiçbir lekesi ya da kusuru olmayan saf bir yüreği yetiştirirsek kutsallaşmış sayılırız. Sadece gerçekte görerek, duyarak ve konuşarak ruhani düşünceler içinde olanlar, ruhun seviyesinin ötesine geçmiş Tanrı'nın gerçek çocuklarıdır.

1. Yuhanna 5:18 ayetinde, "Tanrı'dan doğmuş olanın günah işlemediğini biliriz. Tanrı'dan doğmuş olan İsa Mesih onu korur ve kötü olan ona dokunamaz." yazıldığı gibi, ruhani dünyada güç, günahsız olmaktır. Hiç günah taşımamak kutsallıktır. Bu sebeple yaşayan ruh Âdem'e bahşedilen yetkinliği geri kazanabilir

ve günahlarımızı söküp attığımız ölçüde düşman iblis ve Şeytan'ı yenilgiye uğratıp boyunduruk altına alabiliriz.

Bir kez ruhun insanları olduğumuzda iblis dahi bize dokunamaz. Ve bir kez bütünüyle ruhun insanı olduğumuz ve iyilikle sevgiyi büyüttüğümüzde Kutsal Ruh'un güçlü işlerini ortaya koyabilecek, büyük ve kudretli işler yapabileceğiz.

Kutsallaşarak ruhun ve bütünüyle ruhun insanları olabiliriz (1. Selanikliler 5:23). Gerçek çocuklarını kazanmak için insanı yetiştiren ve oldukça uzun bir süre onlara katlanan Tanrı'yı düşünürsek, o zaman hayattaki en anlamlı şeyin ruhun ve bütünüyle ruhun insanları olmak olduğunu anlayabiliriz.

 Ruh, Beden ve Can: 1. Cilt

3. Kisim

# Ruhu Geri Kazanma

Benliğin mi, yoksa ruhun mu insanıyım?
Ruh ve Bütünüyle Ruhun Farkı Nedir?

"İsa şöyle yanıt verdi:
"Sana doğrusunu söyleyeyim,
bir kimse sudan ve Ruh'tan doğmadıkça
Tanrı'nın Egemenliği'ne giremez.
Bedenden doğan bedendir,
Ruh'tan doğan ruhtur.'"
(Yuhanna 3:5-6)

# 1. Bölüm
# Ruh ve Bütün Ruh

Ruhları ölü olduğundan insanlar kurtuluşa ihtiyaç duyarlar. Hrıstiyan yaşamlarımız, dirilen ruhlarımızın gelişim sürecidir.

Ruh Nedir?

Ruhu Geri Kazanma

Ruhun Gelişim Süreci

İyi Toprağın Yetiştirilmesi

Benliğin İzleri

Bütünüyle Ruhta Olmanın Kanıtı

Ruhun ve Bütünüyle Ruhun İnsanlarına Bahşedilen

Kutsamalar

İnsanın ruhu, Âdem'in günahı yüzünden öldü. O andan itibaren canları efendileri oldu. Sürekli olarak gerçeğe ait olmayan şeyleri kabullenip tutkuları peşinde gitmektedirler. Ve bunun sonucunda kurtuluşu alamazlar. Şeytan'ın etkisi altında olan canın kontrolünde olduklarından günah işler ve cehenneme giderler. Bu yüzden tüm insanların kurtulmaya ihtiyaçları vardır. Tanrı, insanın yetiştirilmesi aracılığıyla kurtulan gerçek çocuklarını arar; kısaca ruhun ve bütünüyle ruhun insanlarını arar.

1.Korintliler 6:17 ayetinin,"Rab'le birleşen kişiyse O'nunla tek ruh olur." dediği gibi, Tanrı'nın gerçek çocukları ruhta İsa Mesih'le birleşmiş olanlardır.

İsa Mesih'e iman ettiğimizde Kutsal Ruh'un yardımıyla gerçekte yaşamaya başlarız. Tam kapasitede gerçekte yaşamamız, Rab'bin yüreğine sahip ruhun insanları olduğumuz anlamını taşır. Bu, O'nunla tek ruh olmamızdır. Ruhta bir olmamıza rağmen insanla Tanrı'nın ruhu tamamen farklıdır. Tanrı, fiziki bedeni olmayan bir ruhtur; oysa insanın ruhu, fiziki bir bedenle sınırlıdır. Tanrı'nın ruhu göklere ait bir ruh biçimindedir; oysa insanın topraktan yaratılan fiziki bedeniyle sınırlı bir ruhu vardır. Yaratıcı Tanrı'yla yaratılmış insan arasında kuşkusuz ki büyük bir fark vardır.

## Ruh Nedir?

Pek çok insan 'ruh' kelimesiyle 'can' kelimesinin birbirinin yerine kullanılabildiğini düşünür. Merriam-Webster's Sözlüğü ruh için 'fiziki organizmaları ya da doğaüstü bir varlığı veya özü harekete geçiren veya yaşam veren esas' diye tarif eder. Ama Tanrı'nın nazarında ruh asla ölmeyen, çürümeyen ya da değişmeyen bir şeydir; sonsuzdur; yaşamın ve gerçeğin kendisidir.

Yeryüzünde ruhun özelliklerine sahip bir şey arasak, altını bulurduk. Zaman geçse bile parlaklığı asla değişmez. Altın asla çürümez ya da değişmez. Bu sebeple Tanrı, imanlarımızı saf altına benzetir. Ayrıca göklerdeki evleri altından ve değerli taşlardan inşa eder.

İlk insan Âdem, Tanrı'nın yaşam nefesini kendisine üflemesiyle Tanrı'nın orijinal doğasının bir parçasını almış oldu. Eksik bir ruh olarak yaratıldı. Çünkü toprağın özelliklerine sahip olması dolayısıyla benliğin bir varlığına geri dönmesi olasılığı her zaman vardı. Sadece 'ruh' değildi. 'Yaşayan varlık' anlamına gelen 'yaşayan bir 'ruh' idi.

Hangi sebeple Tanrı, yaşayan bir ruh olarak Âdem'i yarattı? Çünkü Tanrı, Âdem'in insanın yetiştirilmesi aracılığıyla benliği deneyim ederek yaşayan bir ruhun ötesine geçmesini ve bütünüyle bir ruhun insanı olarak bu süreçten çıkmasını istedi. Bu sadece Âdem için değil ama tüm torunları için geçerlidir. Bu sebeple Tanrı, çağlar öncesinden Kurtarıcı İsa'yı ve Yardımcı Kutsal Ruh'u hazırladı.

## Ruhu Geri Kazanma

Âdem, Aden Bahçesinde yaşayan bir ruh olarak ölçümü imkânsız uzun bir süre yaşadı ama sonunda günahı yüzünden Tanrı'yla olan iletişimi kesildi. O zaman Şeytan, canı aracılığıyla gerçeğe ait olmayan bilgileri ekmeye başladı. Bu süreçte Tanrı tarafından bahşedilen ruhun bilgisi kaybolmaya başladı ve onun yerini Şeytan tarafından verilen gerçeğe ait olmayanların bilgisi olan benlik aldı.

Zamanla insanı giderek benlik doldurdu. İnsandaki yaşam tohumunu, gerçeğe ait olmayanlar çevreledi ve boğdu. Gerçeğe ait olmayan şeyler, yaşam tohumunu sınırlamış ve baskıya almışçasına yaşam tohumu etkisini kaybetti. Böyle bir durumda yaşam tohumu tamamen etkisizleşir ve buna, ruh 'ölü' deriz. Ruhun ölü olduğunu söylemek, yaşam tohumunu aktifleştiren Tanrı'nın Işığının yok olduğu anlamını taşır. O zaman ölü ruhu diriltmek için ne yapmalıyız?

## İlk olarak sudan ve ruhtan doğmalıyız

Gerçek olan Tanrı'nın sözünü dinler ve İsa Mesih'e Kurtarıcımız olarak iman edersek Tanrı, yüreklerimize bir armağan olarak Kutsal Ruh'u verir. Yuhanna 3:5 ayetinde İsa şöyle demiştir: "Sana doğrusunu söyleyeyim, bir kimse sudan ve Ruh`tan doğmadıkça Tanrı`nın Egemenliği`ne giremez." Bu ayette de gördüğümüz gibi ancak su alan Tanrı'dan ve Kutsal Ruh'tan doğduğumuzda kurtulabiliriz.

Kutsal Ruh yüreklerimize gelir ve yaşam tohumlarımızın yeniden aktif olmasını sağlar. Bu, ölü ruhlarımızın dirilmesidir. Kutsal Ruh, gerçeğe ait olmayan benliği söküp atmamıza, canın gerçeğe ait olmayan işlerini yok etmemize yardımcı olur ve bizlere gerçeğin bilgisini tedarik eder. Kutsal Ruh'u almazsak ne ölü ruhlarımız dirilir ne de Tanrı'nın Sözündeki ruhani anlamları anlayabiliriz. Söz anlaşılmadığında yüreklere ekilmez ve ruhani imanda kazanılmaz. Ancak Kutsal Ruh'un yardımıyla yürekten inanacak ruhani anlayışa ve imana sahip olabiliriz. Bununla dua ettiğimizde Tanrı'nın Sözünü tatbik etme ve söze göre yaşama gücünü alırız. Dualar aracılığıyla aldığımız Kutsal Ruh'un yardımı olmadan Sözü tatbik etmek için hiçbir gücümüz yoktur.

İkinci olarak sürekli Ruh ile ruhun doğuşunu sağlamalıyız.

Bir kez Kutsal Ruh'u alarak ölü ruhumuz dirildiğinde, ruhumuzu gerçeğin bilgisiyle doldurmaya devam etmeliyiz.

Buna Ruh ile ruhun doğuşu denir. Kanımızı dökme pahasına günahlarla mücadele etmek için Kutsal Ruh'un yardımıyla dua edersek, yüreklerdeki kötülük ve gerçek olmayanlar uzaklaşır. Ayrıca sevgi, iyilik, doğruluk, uysallık ve tevazu gibi Kutsal Ruh'un tedarik ettiği gerçeğin bilgisini aldığımız ölçüde yüreğimizde giderek daha fazla doğruluk ve gerçek olur. Diğer bir deyişle Kutsal Ruh aracılığıyla gerçeğe iman etmek, Âdem'in günahından bu yana bozulmuş olan insanın attığı adımlar sürecini tersine çevirmektir.

Fakat Kutsal Ruh'u alıp yüreklerini değiştirmeyen insanlar vardır. Kutsal Ruh'un arzuları peşi sıra gitmek yerine benliğin arzularının izinde günahta yaşamaya devam ederler. Başta günahlarını söküp atmaya çabalar ama bir noktada imanları ılıklaşır ve günahlara karşı verdikleri mücadeleyi sonlandırırlar. Günaha karşı verdikleri mücadeleyi sonlandırdıkları andan itibaren dünyayla dost olur veya günah işlerler. Giderek arınmakta ve aklaşmakta olan yürekleri yeniden günahla lekelenir. Eğer yüreklerimiz sürekli olarak gerçeğe ait olmayan şeyleri sünger gibi emiyorsa, Kutsal Ruh'u almış olsak bile içimizdeki yaşam tohumu güç kazanmaz.

1. Selanikliler 5:19 ayeti bizi şu sözlerle uyarır: "Ruh'u söndürmeyin." Yaşıyor diye ad yaptığımız bir an olabilir ama Kutsal Ruh'u aldıktan sonra kendimizi değiştirmediğimiz sürece ölüyüzdür (Vahiy 3:1). Dolayısıyla Kutsal Ruh'u almış olsak bile günahta ve kötülükte yaşamaya devam edersek, Kutsal Ruh eninde sonunda söner.

Bu sebeple yüreğimiz tamamen gerçeğin yüreğine dönüşene kadar yüreklerimizi değiştirmek için uğraş vermeliyiz. 1 Yuhanna 2:25 ayeti şöyle der: "Mesih'in bize vaat ettiği budur, yani sonsuz yaşamdır." Evet, Tanrı bizlere vaat etti. Ama bu vaadinin bir koşulu vardır.

Tanrı'nın sonsuz yaşamı bize bahşetmesi için Rab'le birleşmeli ve duyduğumuz Tanrı Sözünü tatbik etmeliyiz. Rab'de ve Tanrı'da yaşamadığımız sürece ne kadar Rab'be inandığımızı söylersek söyleyelim kurtuluşu alamayız.

## Ruhun Gelişim Süreci

Yuhanna 3:6 ayeti şöyle der: "Bedenden doğan bedendir, Ruh'tan doğan ruhtur." Ayette de yazılmış olduğu gibi benlikte olduğumuz sürece ruhu doğuramayız.

Bu sebeple Kutsal Ruh'u aldığımızda ve ölü ruhlarımız dirildiğinde ruh büyümeye devam etmelidir. Ya bir bebek doğru düzgün büyümüyor ya da hiç büyümüyorsa? Çocuk normal bir yaşam sürdüremez. Aynı şey ruhani yaşam içinde geçerlidir. Yaşamı kazanan Tanrı'nın çocukları imanlarını geliştirmeli ve ruhlarını büyütmelidirler.

İncil, her bireyin imanının ölçüsünün farklı olduğunu bizlere söyler (Romalılar 12:3). 1. Yuhanna 2:12-14 ayetleri küçük çocukların, gençlerin ve babaların diye sınıflandırarak imanın farklı seviyeleri hakkında bize bilgi verir.

Yavrularım, size yazıyorum, Çünkü Mesih'in adı uğruna

günahlarınız bağışlandı. Babalar, size yazıyorum, Çünkü başlangıçtan beri var Olan'ı tanıyorsunuz. Gençler, size yazıyorum, Çünkü kötü olanı yendiniz. Çocuklar, size yazdım, Çünkü Baba'yı tanıyorsunuz. Babalar, size yazdım, Çünkü başlangıçtan beri var Olan'ı tanıyorsunuz. Gençler, size yazdım, Çünkü güçlüsünüz, Tanrı'nın sözü içinizde yaşıyor, Kötü olanı yendiniz.

Gerçek bir yüreğe sahip olmak üzere kendimizi değiştirdiğimiz ölçüde Tanrı bize göklerden imanı verir. Bu; 'ruhun Ruh'la doğuşunu' sağlayan yürekten inanabileceğimiz imandır. Kutsal Ruh şunları yapar: Ruhlarımızın Ruh'la doğuşuna izin verir ve imanlarımızın büyümesine yardım eder. Kutsal Ruh yüreklerimize gelerek bizlere günahı, doğruluğu ve gelecek yargıyı öğretir (Yuhanna 16:7-8). İsa Mesih'e iman etmemize yardım eder.

Ayrıca Tanrı'nın sözlerindeki ruhani anlamları kavramamıza ve onlara yürekten iman etmemize yardım eder. Bu süreçte Tanrı'nın kaybolan suretini yeniden kazanabilir; ruhun ve bütünüyle ruhun insanları olan Tanrı'nın gerçek çocukları olabiliriz.

İmanlarımızın büyümesi için ilk önce benliğimizin düşüncelerini yıkmalıyız. Benliğin düşünceleri yüreklerimizdeki gerçeğe ait olmayan şeylerden oluşur ve canın gerçeğe ait olmayan işlevleriyle ortaya konur. Örneğin yüreğinizde kötülük varsa ve birinin sizin hakkınızda dedikodu yaptığını duyarsanız, ilk olarak canınızın gerçeğe ait olmayan işlevi ortaya konur. Benliğe ait düşüncelerinizle o kişinin kaba olduğunu düşünerek gücenirsiniz. Ve diğer olumsuz duygular belirebilir. O anda canın kontrolü şeytandadır. Kötü düşünceleri yerleştiren odur. Canın bu işlevleriyle benliğin şeyleri dediğimiz hiddet, kötü hisler ve gurur gibi yürekte mevcut olan gerçeğe ait olmayan şeyler ajite olur. O kişiyi anlamaya çalışmak yerine derhal onunla yüzleşmeyi istersiniz.

Daha öncede belirtilmiş olan benliğin bu şeyleri ayrıca benliğin düşüncelerine aittir. Bir kişinin kendine has doğruluğu, kavram ve fikirleri canın işlevlerinden geliyorsa, onlardan benliğin şeyleridir. İmanda ödün vermemenin doğru olmadığını düşünen bir insan olduğunu farz edin. Bu durumda kendisinin haklı olduğunu düşünmeye devam edecek ve diğerlerinin iman seviyesiyle koşullarını dikkate alması gereken durumlarda dahi başkalarıyla huzuru bozacaktır. Belli bir konuyla ilgili belli bir zihniyeti olan ve durumun gerçekliği düşünüldüğünde bir şeyi başarmanın zor olacağına inanan bir kişi olduğunu farz edin. O zaman bu da benliğe ait bir düşüncedir.

İsa Mesih'e iman ederek Kutsal Ruh'u alsak bile söküp atamadığımız benliğin ölçüsüne göre hala benliğin düşüncelerine sahip oluruz. Tanrı'nın Sözü olan gerçeğin bilgisini geri aldığımızda ruhani düşüncelere sahip oluruz. Fakat eğer gerçeğe ait olmayanın bilgisini alıyorsak, benliğe ait düşüncelere sahibizdir. Kutsal Ruh, sahip olduğumuz benliğin düşüncelerinin oranında gerçeğin bilgisini seferber etmez.

Bu yüzden Romalılar 8:5-8 ayetleri şöyle der: "Benliğe uyanlar benlikle ilgili, Ruh'a uyanlarsa Ruh'la ilgili işleri düşünürler. Benliğe dayanan düşünce ölüm, Ruh'a dayanan düşünceyse yaşam ve esenliktir. Çünkü benliğe dayanan düşünce Tanrı'ya düşmandır; Tanrı'nın Yasası'na boyun eğmez, eğemez de... Benliğin denetiminde olanlar Tanrı'yı hoşnut edemezler."

Bu ayetler ancak benliğimizin düşüncelerini yıktığımızda ruhun seviyesine ulaşabileceğimizi belirtir. Benlikte kalanlar, benliğin düşüncelerini almaktan kendilerini alamazlar ve bunun sonucunda Tanrı'ya karşı düşünceleri, sözleri ve davranışları olur.

Bunun en aşikâr örneğini, 1. Samuel 15'de benliğin düşünceleriyle Tanrı'ya karşı gelen Kral Saul vakasında görürüz. Tanrı, Saul'den Amalekliler ile birlikte her şeyi yok etmesini buyurmuştu. Bu, geçmişten bu yana Tanrı'ya karşı gelmelerinin bir cezasıydı.

Fakat Saul savaşı kazandıktan sonra Tanrı'ya kurban vereceğini söyleyerek besili hayvanlardan bir kısmını yanında getirdi. Ayrıca öldürmek yerine Amalek kralını da esir aldı. Zaferiyle gösteriş yapmak istiyordu. Açgözlülüğü ve kibrinden gelen benliğinin düşünceleriyle itaatsizlik etti. Açgözlülüğü ve kibriyle gözleri köreldiğinden benliğinin düşüncelerini kullanmaya devam etti ve sonunda sefil bir şekilde öldü.

Benliğin düşüncelerine sahip olmanın temel nedeni, yüreklerimizde gerçeğe ait olmayan şeylerin varlığıdır. Eğer yüreklerimizde sadece gerçeğin bilgisi olursa asla benliğin düşüncelerine sahip olmayız. Benliğin hiçbir düşüncesine sahip olmayanlarda doğal olarak sadece ruhani düşünceler olur. Kutsal Ruh'un sesine ve rehberliğine itaat ettiklerinden Tanrı'nın sevgisini kazanır ve O'nun işlerini deneyim ederler. Dolayısıyla gerçeğe ait olmayanları sabırla söküp atmalı ve Tanrı'nın sözü olan gerçeğin bilgisiyle kendimizi doldurmalıyız. Gerçeğin bilgisiyle dolmak, onu sadece kafalarımızda bilmek değil ama yüreklerimizi Tanrı'nın Sözüyle yetiştirmek zorunda olduğumuz anlamına gelir. Aynı zamanda kendi düşüncelerimizin yerine ruhani düşünceleri koymalıyız. Başkalarıyla etkileşim içinde olduğumuzda ya da belli olayları gördüğümüzde, kendi açımızdan yargılayıp suçlamamalı ama onları gerçekte görmeye çalışmalıyız. Başkalarına iyilikle, sevgiyle ve hakla muamele edip etmediğimizi sürekli gözden geçirmeliyiz ki değişebilelim. Bu şekilde ruhsal anlamda gelişebiliriz.

### İyi Toprağın Yetiştirilmesi

Özdeyişler 4:23 ayeti şöyle der: "Her şeyden önce de yüreğini koru, Çünkü yaşam ondan kaynaklanır." Ayet, sonsuz yaşamı bize bahşeden yaşam kaynağının yürekten geldiğini söyler. Meyvenin hasadını ancak tarlaya tohum ektiğimizde alırız. Tohum ektiğimizde filizlenir, tomurcuklanır ve meyve verir. Buna oldukça benzeyen bir şekilde bizlerde ancak Tanrı'nın Sözünün tohumunu yüreklerimizin tarlasına ektiğimizde ruhsal meyveler verebiliriz.

Yüreğe ekilen yaşamın kaynağı Tanrı Sözü'nün iki fonksiyonu vardır. Yüreklerimizdeki günahları ve gerçeğe ait olmayan şeyleri sürer ve meyve vermesine yardım eder. Kutsal Kitap'ta birçok buyruk vardır ama bu buyruklar dört kategoriye ayrılır: 'yapılması gerekenler', yapılmaması gerekenler', 'atılması gerekenler' ve 'tutulması gerekenler'. Örneğin Kutsal Kitap her türlü kötülüğü ve açgözlülüğü söküp atmamızı söyler. 'Yapılmaması gerekenlere' örnekler 'nefret etmeyin!' ya da 'yargılamayın!' olabilir. Bu buyruklara itaat ettikçe yüreklerimizden günahlar çekilir. Tanrı'nın Sözü'nün yüreklerimize geldiği ve yüreklerimizi iyi bir toprağa dönüştürdüğü anlamına gelir.

Fakat toprağı sürdükten sonra bir şey yapmamızın bir faydası yoktur. Sürülen toprağa gerçeğin ve iyiliğin tohumlarını ekmek zorundayız ki Kutsal Ruh'un dokuz meyvesini, Gerçek Mutluluğun kutsamalarını ve ruhani sevgiyi verebilelim. Meyve vermek, belli şeyleri tutmamızı ve yapmamızı söyleyen buyruklara itaat etmektir. Tanrı'nın buyruklarını tutar ve tatbik edersek sonunda meyve verebiliriz.

'Yetiştirme' adı altındaki bu bölümün ilk sayfalarında bahsedildiği gibi, ruhun insanı olma süreci, yüreklerimizin tarlalarını yetiştirmekle aynıdır. Yetiştirilmemiş bir toprağı sürerek, taşları ve dikenleri toplayarak iyi topraktan bir tarlaya dönüştürürüz. Benzer şekilde bizlere 'Yapmayın!' ve 'Atın!' diyen Tanrı'nın Sözü'ne itaatle benliğin şeylerini ve işlerini söküp atmalıyız. Her insanın farklı bir kötülüğü vardır. Dolayısıyla söküp atmakta en çok zorlandığımız kötülüğün kökünü çektiğimizde, ona ilişmiş tüm diğer kötülük türleri de

183

beraberinde çıkacaktır. Örneğin çok kıskanç bir insan kıskançlığı çekip alırsa, ona ilişik nefret, dedikodu ve yalan gibi kötülük türleri de beraberinde çıkacaktır.

Öfkenin ana kökünü çekip aldığımızda sinirlilik ve bıkkınlık gibi diğer kötülük türleri de beraberinde çıkacaktır. Eğer dua ediyor ve öfkeyi söküp atmaya çalışıyorsak Tanrı bizlere lütuf ve gücünü bahşeder ve söküp atmamız için Kutsal Ruh yardım eder. Günlük yaşamlarımızda gerçeğin Sözünü uygulamaya devam ettikçe Kutsal Ruh'un doluluğuna sahip oluruz ve benliğin gücü zayıflar. Bir kişinin günde on kez öfkelendiğini farz edin. Fakat eğer bu sıklık ondan dokuza, dokuzdan yediye ve beşe düşerse sonunda yitip gidecektir. Bunu yaparken tüm günahkâr doğaları söküp atarak yüreğimizi iyi bir toprağa dönüştürmeye çabalarsak, o yürek 'ruhun' yüreği olur.

Bununla kalmayıp sevmek, bağışlamak, başkalarına hizmet etmek ve Şabat Gününü tutmak gibi belli şeyleri yapmamızı ve tutmamızı söyleyen gerçeğin Sözünü de ekmeliyiz. Burada tüm gerçeğe ait olmayan şeyleri söküp attıktan sonra kendimizi gerçekle doldurmaya başlamıyoruz. Gerçeğe ait olmayanları söküp atmak ve onların yerini gerçekle doldurmak aynı zamanda yapılmalıdır. Bu süreçle yüreğimizde sadece gerçek olduğunda ruhun insanı olduğumuz söylenebilir.

Ruhun insanı olmak için söküp atmamız gereken bir diğer şey ise orijinal doğamızdaki kötülüktür. Toprakla kıyaslayacak olursak orijinal doğanın bu kötülükleri toprağın özelliklerine sahiptir. Bu kötülükler, ebeveynlerden çocuklarına 'chi' denilen yaşam enerjisiyle geçer. Ayrıca gelişimimiz esnasında bunlarla temas eder ya da onları kabul edersek, doğamız daha da kötüleşir. Orijinal doğamızdaki kötülük, sıradan koşullar altında ortaya çıkmaz ve onları kavramak zordur. Dolayısıyla yüzeyde aşikâr olan tüm günah ve kötülükleri söküp atsak bile doğamızın derinliklerine yerleşmiş kötülüğü söküp atmak çok kolay bir iş değildir. Bunu yapmak için gayretle dua etmeli ve onu bulup söküp atmak için çabalarımızı genişletmeliyiz.

Bazen belli bir noktaya ulaştığımızda ruhani gelişimimiz kesintiye uğrar. Bunun nedeni kendi doğamızdaki kötülüktür. Yaban otlarını temizlemek için onları yapraklarından ve dallarından değil ama köklerinden çekmeliyiz. Aynı şekilde ancak doğamızdaki kötülüğü kavradığımızda ve onu söküp attığımızda ruhun yüreğine sahip olabiliriz. Bu şekilde bir kez ruhun insanı olduğumuzda vicdanımız gerçeğin ta kendisi olur ve yüreklerimiz sadece gerçekle dolar. Bu, yüreklerimizin ruhun kendisi olduğu anlamına gelir.

## Benliğin İzleri

Ruhun insanının yüreğinde hiçbir kötülük olmaz; Ruh'la dolu olduklarından her zaman mutludurlar. Fakat bu, son değildir. 'Benliğin izleri' hala onlarda mevcuttur. Benliğin izleri, kişiliklerle ya da her bireyin orijinal doğasıyla ilişkilidir. Örneğin bazıları doğru, hak bilen ve dürüsttür ama cömertlikte ve şefkatte eksiktirler. Bazıları sevgiyle dolu olabilir ve başkalarıyla paylaşmaktan zevk alır ama çok duygusal olabilirler ya da sözleriyle davranışları katı olabilir.

Bu özellikler kişiliklerinde benliğin izleri olarak kaldığından ruha eriştikten sonra dahi onları hala etkilemeye devam ederler. Eskilerden kalma lekeleri olan giysiler gibidirler. Giysinin asıl rengi onca yıkamaya rağmen tam anlamıyla eski halini almaz. Benliğin bu izleri kötü sayılmaz ama onları yinede söküp atmalı ve bütünüyle ruha ermemizi sağlayan Ruh'un dokuz meyvesiyle dolmalıyız. İyice sürülmüş bir tarla misali içinde gerçeğe ait olmayan hiç bir şey bulunmayan bir yüreğin 'ruh' olduğunu söyleyebiliriz. Gayet iyi yetiştirilmiş bir yüreğe tohum ekildiğinde ve ruhun güzel meyvelerini verdiğinde, o zaman o yüreği, 'bütünüyle ruhun' yüreği sayabiliriz.

Kral Davut ruha eriştiğinde, Tanrı onun bir sınamadan geçmesini sağladı. Bir gün Davut, Yoav'dan sayım yapmasını emretti. Yani, savaşa gidebilecek insanları belirlediler. Yoav, bunun Tanrı'nın nazarında doğru bir şey olmadığını biliyordu ve Davut'u bundan vazgeçirmeye çalıştı. Fakat Davut dinlemedi. Bunun sonucunda Tanrı'nın gazabını çekti ve pek çok insan salgın hastalıktan öldü.

Davut, Tanrı'nın isteğini çok iyi biliyordu. Öyleyse böyle bir şeyin olmasına nasıl sebebiyet verdi? Davut uzunca bir zamandır Kral Saul'den kaçmış ve öteki uluslara karşı pek çok savaş vermişti. Bir keresinde hayatı tehdit altında oğlundan kaçmıştı. Fakat siyasi gücünün sağlamlaştığı ve ulusunun büyüdüğü uzun bir zaman sonra kafası rahatladıkça umursamaz oldu. Şimdide ülkesindeki insanların yüksek sayısıyla övünmeyi istedi.

Mısır'dan Çıkış 30:12 ayetinde, "İsrailliler'in sayımını yaptığın zaman, herkes canına karşılık bana bedel ödeyecektir. Öyle ki, sayım yapılırken başlarına bela gelmesin." yazıldığı gibi, Mısır'dan çıktıktan sonra bir keresinde Tanrı İsrailoğullarına sayım yapmalarını buyurmuştu; fakat bu sayım düzeni sağlamak içindi. Her biri Rab'be bir bedel ödemek zorunda kalmıştı ve o sayım, her birinin yaşamının Tanrı'nın korumasıyla var olduğunu hatırlayıp alçakgönüllü olmalarını sağlamak içindi. Sayım yapmanın kendisi bir günah değildir. Gerektiğinde yapılabilir. Fakat Tanrı, sayıca çok insana sahip olmanın verdiği gücün Tanrı'dan geldiği gerçeğini bilerek Tanrı'nın önünde alçakgönüllü olmalarını istemişti.

Oysa Davut, Tanrı'dan gelen bir buyruk olmamasına rağmen sayım yaptı. Bu, özünde Tanrı'ya değil ama insanlara güvenen yüreğini ortaya koydu. Çok sayıda insanın olması, çok sayıda askerinin olduğu ve ulusunun büyüdüğü anlamına geliyordu. Davut bu hatasını kavradığında derhal tövbe etti ama çoktan büyük sınamaların yoluna girmişti. Salgın hastalık tüm İsrail'in üzerine gelerek anında 70,000 insanın ölümüne neden oldu.

Kuşkusuz ki bunca insanın ölümünün sebebi salt Davut'un kibri değildir. Bir kral istediği zaman sayım yapabilir ve Davut'un niyeti de günah işlemek değildi. Bu yüzden insani açıdan onun günah işlemiş olduğunu söyleyemeyiz. Fakat yetkin Tanrı'nın açısından bakacak olursak, Tanrı, Davut'un Tanrı'ya tamamen güvenmediğini ve onun kibirli olduğunu söyleyebilir.

İnsanın açısına göre günah sayılmayan bazı şeyler vardır ama yetkin Tanrı'nın açısına göre onlar kötülük sayılabilir. Bu, bir kişi kutsallaştıktan sonra geride kalan 'benliğin izleridir'. Tanrı, geride kalan benliğin bu izlerini sökerek Davut'u daha da yetkin kılmak için, Davut aracılığıyla İsrail üzerine böyle bir sınama getirmiştir. Fakat İsrail üzerine salgın gelmesinin temel nedeni, insanların günahlarının Tanrı'nın gazabını çekmiş olmasıdır. 2. Samuel 24:1 ayeti şöyle der: "RAB İsrail halkına yine öfkelendi. Davut'u onlara karşı kışkırtarak, "Git, İsrail ve Yahuda halkını say" dedi.'"

Dolayısıyla kurtulacak iyi insanlar salgınla cezalandırılmamışlardır. Ölenler, Tanrı'nın nazarında kabul görmeyen günahları işlemiş olanlardır. Davranışı sebebiyle insanlarının öldüğünü gören Davut yas tuttu ve tamamıyla tövbe etti. Böylece Tanrı tek bir olay üzerinden iki şey gerçekleştirmiş oldu: Günahkâr insanları cezalandırdı ve aynı zamanda Davut'un arınmasını sağladı.

Bu cezadan sonra Tanrı, Yevuslu Aravna'nın harman yerinde RAB'be bir sunak kurmasını istedi. Davut, Tanrı'nın söylediklerini yerine getirdi. O yeri satın aldı ve sunağın yapımına başladı. Tanrı'nın lütufunu yeniden geri kazandı. Bu sınamayla Davut kendini daha da alçakgönüllü kıldı; bu sınama, bütünüyle ruha erişmesi için bir basamak oldu.

### Bütünüyle Ruhta Olmanın Kanıtı

Bütünüyle ruhun seviyesini başarırsak bolca meyve

vereceğimiz kanıtları olur. Fakat bu, bütünüyle ruha ermeden önce hiçbir meyve vermeyeceğimiz anlamına gelmez. Ruhun insanları ruhani sevginin, ışığın, Kutsal Ruh'un ve Gerçek Mutluluğun meyvelerini verme sürecinden geçerler. Hala bu süreçten geçiyor olduklarından bu meyveleri henüz tamamen vermemişlerdir. Ruhun her bir insanının ruhani meyveler verme seviyesi farklıdır.

Örneğin eğer bir kişi belli şeyleri 'tutun!' ve 'atın!' diyen Tanrı'nın buyruklarına itaat ederse, o kişide hiçbir koşulda hiçbir zaman nefret ya da olumsuz duygular olmaz. Fakat belli şeyleri 'yapmamızı' söyleyen Tanrı'nın buyruklarıyla ilgili; ruhun farklı insanları arasında meyve vermenin ölçüsünde farklılıklar olur. Örneğin Tanrı, 'sevmemizi' söyler bizlere. İnsanlardan nefret etmediğiniz bir seviye olduğu gibi aktif hizmetle onların yüreklerine tesir ettiğiniz bir başka seviyede mevcuttur. Dahası, başkaları için yaşamlarınızı vereceğiniz bir seviyede vardır. Bu tür bir amel asla değişmiyorsa ve yetkinse, sizin bütünüyle ruhu yetiştirdiğinizi söyleyebiliriz.

Kutsal Ruh'un meyvelerini verme ölçüsü herkeste farklıdır. Ruhun insanları belli bir meyveyi %50 ve diğerini de %70 oranında verebilir. Bir kişinin verecek çok sevgisi varken, özdenetimden yoksun olabilir ya da oldukça iman sahibiyken uysallıktan yoksun olabilir.

Fakat bütünüyle ruhun insanları, Kutsal Ruh'un tüm meyvelerini tüm doluluğuyla verirler. Kutsal Ruh, onların yüreklerini %100 kontrol eder ve yüreklerine %100 tesir eder. Dolayısıyla hiçbir yoksunlukları olmadan tüm şeylerde ahenk içinde olurlar. Her koşulda yerinde davranacakları yetkin bir özdenetime sahip olarak Rab için sönmeyen bir tutkuları olur. Tıpkı bir parça pamuk gibi yumuşak ve hafiftirler. Fakat tıpkı bir aslanın sahip olduğu haysiyet ve yetkiye sahiptirler. Tüm şeylerde başkalarının çıkarını gözeten bir sevgiye sahiptirler ve yaşamlarını bile onlar için feda edebilirler. Fakat önyargıları yoktur. Tanrı'nın adaletine itaat ederler. İnsanın kapasitesiyle imkânsız olanı yapmalarını Tanrı buyurduğunda bile sadece 'evet' ve 'Âmin' diyerek itaat ederler.

Dışarıdan bakıldığında ruhun insanıyla bütünüyle ruhun insanının itaatkâr amelleri aynı gibi görünebilir ama aslında farklıdır. Ruhun insanları Tanrı'yı sevdikleri için itaat ederken, bütünüyle ruhun insanları Tanrı'nın yüreğinin derinliklerini ve niyetini anlayarak itaat ederler. Bütünüyle ruhun insanları, her alanda Mesih'in doluluğunda olarak Tanrı'nın yüreğine sahip gerçek çocuklarıdırlar. Her şeyde kutsallaşmanın izinde gider, herkesle barış içinde olur ve Tanrı'nın bütün evinde sadık olurlar.

1. Selanikliler 4:3 ayetinde şöyle yazar: "Tanrı`nın isteği şudur: Kutsal olmanız, fuhuştan kaçınmanız." Ve 1. Selanikliler 5:23 ayeti şöyle der: "Esenlik kaynağı olan Tanrı`nın kendisi sizi tümüyle kutsal kılsın. Ruhunuz, canınız ve bedeniniz Rabbimiz İsa Mesih`in gelişinde eksiksiz ve kusursuz olmak üzere korunsun."

Rab'bimiz İsa Mesih'in gelişi demek, Yedi-Yıllık Büyük Sıkıntı dönemi öncesi bu çocuklarını almaya geleceği anlamını taşır. Yani, bu olay meydana geldiğinde bütünüyle ruhun seviyesini başarmış ve Rab'le karşılaşmak için kendimizi tam muhafaza etmiş olmalıyız. Bütünüyle ruhu bir kez başardığımızda, canımız ve bedenimiz ruhumuza ait olur ve kusursuz olarak Rab'be teslim olabiliriz.

## Ruhun ve Bütünüyle Ruhun İnsanlarına Bahşedilen Kutsamalar

Ruhun insanlarının canları gönenç içinde olduğundan tüm diğer şeylerde de gönenç ve sağlık içinde olurlar (3. Yuhanna 1:2). Yüreklerinin derinliklerindeki kötülüğü bile söküp atmışlardır; dolayısıyla gerçek anlamda Tanrı'nın kutsal çocuklarıdırlar. Böylece Işığın çocukları olarak ruhani yetkinliğin tadına varabilirler.

İlk olarak sağlıklıdırlar ve hastalanmazlar. Bir kez ruhun insanları olduğumuzda Tanrı bizleri hastalık ve kazalardan korur. Ve sağlıklı bir yaşamın tadını çıkarabiliriz. Yaşımız ilerlese bile yaşlanmaz ya da güçten düşmeyiz. Kırışıklıklarımıza daha fazla kırışık eklenmez. Hatta bütünüyle ruha erdiğimizde kırışıklıklarımız bile gerilir. Bütünüyle ruhun insanlar daha da gençleşir ve güçlerini geri kazanırlar.

İbrahim, İshak'ı kurban verme testini geçtikten sonra bütünüyle ruha erdi. 140 yaşına gelmesine rağmen çocukları oldu. Bu, yenilendiği anlamına gelir. Ayrıca Musa, yeryüzündeki herkesten daha alçakgönüllü ve uysaldı; Tanrı'nın 80 yaşında aldığı çağrısından 40 yıl sonra bile dinç bir şekilde çalıştı. 120 yaşına geldiğinde bile, "ne gözleri zayıflamıştı, ne de gücü tükenmişti." (Yasa'nın Tekrarı 34:7).

İkinci olarak ruhun insanlarının yüreklerinde hiçbir kötülük olmaz; dolayısıyla düşman iblis ve Şeytan onların üzerine test veya sınamalar getiremez

1. Yuhanna 5:18 ayeti şöyle der: "Tanrı'dan doğmuş olanın günah işlemediğini biliriz. Tanrı'dan doğmuş olan İsa Mesih onu korur ve kötü olan ona dokunamaz." Düşman iblis ve Şeytan, benliğin insanlarını suçlar ve onların üzerine testlerle sınamalar getirir.

Eyüp, doğasındaki tüm kötülükleri söküp atmamış olduğu bir aşamadaydı. Dolayısıyla Şeytan, Tanrı'nın huzurunda onu suçladı ve Tanrı'da sınamaların olmasına izin verdi. Eyüp, Şeytan'ın suçlamasıyla üzerine gelen bu sınamalardan geçerken kötülüğünü kavradı ve tövbe etti. Fakat doğasındaki kötülüğü söküp attıktan ve ruha eriştikten sonra Şeytan bir daha onu suçlayamadı. Böylece Tanrı, önceden sahip olduğunun iki katıyla Eyüp'ü kutsadı.

Üçüncü olarak ruhun insanları, Kutsal Ruh'un sesini gayet net duyar ve O'nun rehberliğini alırlar. Böylece her şeyde gönenç bir yola taşınırlar.

Ruhun insanlarının yüreklerinin kendisi gerçeğe dönüşmüş

olduğundan, onlar bilfiil Tanrı'nın Sözü'nde yaşarlar. Yaptıkları her şey gerçeğe uygundur. Kutsal Ruh'un uyarılarını net bir şekilde alır ve o uyarılara itaat ederler. Ayrıca bir şeyin olması için dua ettiklerinde, duaları yanıt bulana dek değişmeyen bir imanla sabrederler.

Her daim bu şekilde itaat edersek, Tanrı bizlere rehberlik eder ve bizleri hikmetle kavrayış bahşeder. Eğer her şeyi tamamen Tanrı'nın ellerine bırakırsak, isteğine uygun olmayan bir yola yanlışlıkla sapsak bile bizleri koruyacaktır. Önümüze düşmemiz için bir çukur açılmış olsa bile çevresini dolanmamızı ya da her şeyin bizler için iyi sonuçlanmasını sağlayacaktır.

Dördüncü olarak ruhun insanları diledikleri her şeyi hızla alırlar. Sadece bir şeyi yüreklerinde besleyerek dahi yanıtları alırlar.

1. Yuhanna 3:21-22 ayetleri şöyle der: "Sevgili kardeşlerim, yüreğimiz bizi suçlamazsa, Tanrı'nın önünde cesaretimiz olur, O'ndan ne dilersek alırız. Çünkü O'nun buyruklarını yerine getiriyor, O'nu hoşnut eden şeyleri yapıyoruz." Bu kutsama, onların üzerine gelir.

Hatta belli yetenekleri ya da bilgileri olmayanlar bile sadece ruhani kutsamalar almakla kalmaz ama ayrıca maddi kutsamalarda alırlar. Çünkü Ruha erenler için Tanrı her şeyi hazırlar ve onlara rehberlik eder.

İmanla ekip dilediğimizde iyice bastırılmış, silkelenmiş ve taşmış bir şekilde kutsamaları alacağız (Luka 6:38). Fakat ruha erdiğimizde ektiğimizin 30 katını ve bütünüyle ruha erdiğimizde ise ektiğimizin 60 ya da 100 katı daha fazlasını biçeceğiz. Ruhun ve bütünüyle ruhun bu insanları, sadece bir şeyi yüreklerinde besleyerek o şeyi alabilirler. Bütünüyle ruhun insanlarının aldığı kutsamaları anlatmakta sözcükler kifayetsiz kalır. Mezmurlar 37:4 ayetinde, "RAB'den zevk al, O senin içindeki istekleri yerine getirecektir." yazıldığı gibi onlar Tanrı'dan, Tanrı'da onlardan zevk alır. İster para isterse ün, yetkinlik ya da sağlık olsun, Tanrı, onlara bunları bahşeder.

Kişisel seviyede bu zatlar bir eksiklikleri olduğu hissine kapılmaz ve kişisel seviyede dua etmek için bir nedenleri yoktur. Bu yüzden her zaman Tanrı'nın egemenliği ve doğruluğu, Tanrı'yı bilmeyen insanlar için dua ederler. Onların duası Tanrı için hoş bir kokudur çünkü duaları güzel, kötülükten yoksun ve diğer insanlar içindir. Bu yüzden Tanrı onlardan çok zevk alır.

Bütünüyle ruhun insanları olanlar, insanları sever ve adanmış dualar biriktirirler; ayrıca Elçilerin İşleri 1:8 ayetinde, "Ama Kutsal Ruh üzerinize inince güç alacaksınız. Yeruşalim'de, bütün Yahudiye ve Samiriye'de ve dünyanın dört bucağında benim tanıklarım olacaksınız." yazmış olduğu gibi, olağanüstü gücü ortaya koyabilirler. Açıklanmış olduğu gibi, ruhun ve bütünüyle ruhun insanları, Tanrı'yı azami ölçüde sever ve O'nu hoşnut ederler. Onlar, Kutsal Kitap'ta vaat edilmiş tüm kutsamaları alırlar.

# 2. Bölüm
# Tanrı'nın Orijinal Planı

Tanrı gerçek mutluluğu, sevinci, şükranı ve sevgiyi bilmeden Âdem'in sonsuza kadar yaşamasını istemedi. Bu sebeple iyilikle kötülüğün bilgisini taşıyan ağacı dikti ki, sonunda Âdem benliğin şeylerini yaşasın.

Neden Tanrı, İnsanları Ruh Olarak Yaratmadı?

Özgür İradenin ve Akılda Tutmanın Önemi

İnsanların Yaratılmasının Amacı

Tanrı, Gerçek Çocukları Tarafından Yüceltilmeyi İster

İnsanın yetiştirilmesi, benliğin insanlarının yeniden ruhun insanlarına dönüşme sürecidir. Bu gerçeği anlamadan sadece kiliseye gitmemiz anlamsızdır. Kiliseye giden ama Kutsal Ruh'la yeniden doğmayan birçok insan vardır ve onların kurtuluşlarının güvencesi yoktur. İmanda bir Hrıstiyan yaşamı sürdürmenin amacı sadece kurtuluşu almak değil ama ayrıca Tanrı'nın suretini geri kazanmak, O'nunla sevgimizi paylaşmak ve O'nun gerçek çocukları olarak Tanrı'yı yüceltmektir.

Öyleyse Tanrı'nın yaşayan bir ruh olarak Âdem'i yaratmasının ve yeryüzünde insanları yetiştirmesinin amacı nedir? Yaratılış 2:7-8 ayetleri şöyle der: "RAB Tanrı Âdem`i topraktan Yarattı ve burnuna yaşam soluğunu üfledi. Böylece Adem yaşayan varlık oldu. RAB Tanrı doğuda, Aden`de bir bahçe dikti. Yarattığı Adem`i oraya koydu."

Tanrı yeri ve göğü genellikle Sözüyle yarattı. Fakat insanı, kendi elleriyle çamura şekil vererek yarattı. Ayrıca göklerdeki varlıklar ve meleklerde ruhlar olarak yaratıldı. Her ne kadar insanın göklerde yaşaması niyet edilmiş olsa da sonunda bu olmadı. Tanrı'nın insanı topraktan yaratma gibi karmaşık bir sürece girişmesinin nedeni nedir? Neden en baştan insanları ruh olarak yaratmadı? İşte burada Tanrı'nın özel planı yatar.

### Neden Tanrı, İnsanları Ruh Olarak Yaratmadı?

Eğer Tanrı insanı topraktan yaratmak yerine sadece ruh olarak yaratsaydı, insan benliğe ait hiçbir şeyi deneyim edemezdi. Sadece ruh olarak yaratılmış olsalardı, Tanrı'nın Sözü'ne itaat eder ve asla iyilikle kötülüğün bilgisini taşıyan ağacın meyvesini yemezlerdi. Toprağın özelliği, içinde kattığınız şeylere göre değişir. Ruhani bir boyutta olmasına rağmen Âdem'in bozulmasının nedeni, topraktan yaratılmış olmasıydı. Fakat bu, en baştan hemen bozulduğu anlamına gelmez.

Aden bahçesi, Tanrı'nın enerjisiyle dolu ruhani bir uzamdır ve bu yüzden benliğe ait bir özelliği Şeytan'ın Âdem'in içine ekmesi imkânsızdı. Fakat Tanrı, özgür iradeyi Âdem'e bahşetmiş olduğundan, arzuladığı ve dilediği gibi Âdem benliğe uyabilirdi. Yaşayan bir ruh olmasına rağmen benliği kabul etmeye istekli olduğunda benlik ona gelebilirdi. Uzunca bir zaman geçtikten sonra yüreğini, Şeytan'dan gelen günaha çağrıya açtı ve benliği kabul etti.

Aslına bakarsanız Tanrı'nın en baştan insana özgür iradeyi

vermesinin sebebi, insanın yetiştirilmesi içindi. Âdem'e özgür iradeyi vermemiş olsaydı, benliğe ait hiçbir şeyi almazdı. Ve böylece insanın yetiştirilmesi asla olagelmezdi. Tanrı'nın insan için takdiri ilahisiyle insanın yetiştirilmesi olmalıydı ve her-şeyi-bilen Tanrı, Âdem'i yaşayan bir varlık olarak yaratmadı.

## Özgür İradenin ve Akılda Tutmanın Önemi

Yaratılış 2:17 ayeti şöyle der: "Ama iyiyle kötüyü bilme ağacından yeme. Çünkü ondan yediğin gün kesinlikle ölürsün." Açıklanmış olduğu gibi Tanrı'nın Âdem'i topraktan yaratmasında ve ona özgür irade bahşetmesinde Tanrı'nın derin takdiri ilahisi yatıyordu. Bu, insanın yetiştirilmesi içindi. İnsanlar ancak insanın yetiştirilmesi sürecini geçtikten sonra Tanrı'nın gerçek çocukları olabilirler.

Günahın Âdem'in üzerine gelmesinin sebeplerinden biri, Âdem'in özgür iradeye sahip olmasıydı. Diğer neden ise Tanrı'nın sözünü aklında tutamamasıydı. Tanrı'nın sözünü tutmak, onu yüreklere kazımak ve değişmeden tatbik etmektir.

Bazı insanlar aynı hataları yapmaya devam ederken, diğerleri aynı hatayı iki kez yapmaz. Bu, bir şeyi akılda tutmanın ya da tutmamanın farklılığından doğar. Tanrı'nın Sözünü aklında tutamaması nedeniyle Âdem günah işledi. Diğer yandan Tanrı'nın Sözünü akıllarımızda tutarak ve itaat ederek ruhun koşulunu geri kazanabiliriz. Bu yüzden Tanrı'nın Sözünü akıllarımızda tutmak önemlidir.

Orijinal günah nedeniyle ruhları ölü olanlar İsa Mesih'e iman edip Kutsal Ruh'u alırlarsa, onların ölü ruhları dirilir. O andan itibaren Tanrı'nın Sözünü akıllarında tutmaya ve yaşamlarında tatbik etmeye devam ederlerse, Ruh'la ruhun doğuşunu sağlarlar. Ruhani gelişimi hızla başarırlar. Dolayısıyla Tanrı'nın Sözünü akıllarda tutmak ve değişmeden sözü tatbik etmek, ruhun geri kazanımın da önemli bir rol oynar.

### İnsanların Yaratılmasının Amacı

Tanrı'ya her daim itaat eden melekler gibi, göklerde pek çok ruhani varlık vardır. Fakat bir kaçı hariç, onlarda insanlık yoktur. Sevgilerini paylaşmayı seçecekleri özgür bir iradeye sahip değillerdir. İşte bu yüzden Tanrı, gerçek sevgisini paylaşabileceği bir varlık olarak ilk insan Âdem'i yaratmıştır.

Birkaç saniyeliğine ilk insan Âdem'i yaratan Tanrı'nın mutluluğunu hayal edin. Âdem'in dudaklarına biçim verirken, Tanrı Âdem'den kendisini övmesini istiyordu. Kulaklarına biçim verirken, Tanrı'nın sesini duymasını ve itaat etmesini istiyordu. Yarattığı her şeyin güzelliğini görmesini ve duyumsamasını ve Tanrı'yı yüceltmesini istiyordu.

Tanrı'nın insanı yaratmasının amacı, onların övgüsünü almak, yüceltilmek ve onlarla sevgiyi paylaşmaktır. Evrendeki ve göklerdeki tüm güzelliklerini paylaşabileceği çocukları olmasını istedi. Sonsuza dek onlarla mutluluğun tadına varmak istedi.

Vahiy kitabında Tanrı'nın tahtının önünde sonsuza dek tapınan ve methiyeler düzen Tanrı'nın kurtulmuş çocuklarını görürüz. Gökler öylesine güzel ve mutluluk vericidir ki, Tanrı'nın takdiri ilahisinin böylesine derin ve gizemli olduğu gerçeği karşısında yürekten O'na tapınmaktan ve methiyeler düzmekten kendilerini alamazlar.

İnsanlar ruhsal bir varlık olarak yaratıldı ama benliğin insanı oldular. Fakat eğer sevinç, öfke, sevgi ve keder gibi her türlü duyguyu deneyim ettikten sonra tekrar ruhun insanları olurlarsa, o zaman gönülden Tanrı'yı seven, şükreden ve yücelten gerçek çocukları olabilirler.

Aden bahçesinde yaşayan Âdem, Tanrı'nın gerçek bir çocuğu sayılmazdı. Tanrı ona sadece iyiliği ve gerçeği öğretmişti; dolayısıyla günahın ve kötülüğün neler olduğunu bilmiyordu. Mutsuzluğun ve acının ne olduğu hakkında hiçbir fikri yoktu. Aden Bahçesi ruhani bir uzamdadır ve orada bozulma ya da ölüm yoktur.

Bu sebeple Âdem, ölümün ne anlama geldiğini bilmiyordu. Böylesi büyük bir refah ve bolluk içinde yaşamasına rağmen gerçek mutluluğu, sevinci ya da şükranı duyumsayamadı. Asla keder ya da mutsuzluk yaşamadığından gerçek sevinç ya da mutluluğu kıyaslayabilecek şekilde hissedemedi. Nefretin ve gerçek sevginin ne olduğunu bilmiyordu. Tanrı, gerçek

201

mutluluğu, sevinci, minneti ve sevgiyi bilmeden Âdem'in sonsuza kadar yaşamasını istemedi. Bu yüzden Aden Bahçesine iyilikle kötülüğün bilgisini taşıyan ağacı dikti ki, Âdem sonunda benliği deneyim edebilsin.

Benliğin dünyasını deneyim edip yeniden Tanrı'nın çocukları olanlar, ruhun ne kadar iyi olduğunu ve gerçeğin ne kadar değerli olduğunu kesinlikle anlarlar. Kendilerine sonsuz yaşam armağanını bahşeden Tanrı'ya artık gerçek şükranlarını bahşedebilirler. Bir kez Tanrı'nın bu yüreğini anladığımızda iyilikle kötülüğün bilgisini taşıyan ağacı dikmesindeki ya da ağaç yüzünden insanların acı çekmesini sağlamasındaki niyeti sorgulamayız. Aksine insanlığı kurtarmak için tek oğlu İsa'dan vazgeçtiği için O'na şükranlarımızı sunar ve O'nu yüceltiriz.

### Tanrı, Gerçek Çocukları Tarafından Yüceltilmeyi İster

Tanrı sadece gerçek çocuklarını elde etmek için değil, ama ayrıca onlar tarafından yüceltilmek için insanı yetiştirir. Yeşaya 43:7 ayeti şöyle der: "'Yüceliğim için yaratıp biçim verdiğim, Adımla çağrılan herkesi, Evet, oluşturduğum herkesi getirin diyeceğim." Ayrıca 1.Korintliler10:31 ayeti şöyle der: "Sonuç olarak, ne yer ne içerseniz, ne yaparsanız, her şeyi Tanrı'nın yüceliği için yapın."

Tanrı, sevginin ve adaletin Tanrısıdır. Bizler için sadece gökleri ve sonsuz yaşamı hazırlamakla kalmadı ama ayrıca bizleri kurtarmak için tek oğlunu verdi. Sadece bu gerçek için dahi yüceltilmeye değerdir. Fakat Tanrı'nın tek istediği yüceltilmekte değildi. Tanrı'nın yüceltilmeyi istemesinin nihai nedeni, Kendisini yüceltenleri yüceltmektir. Yuhanna 13:32 ayeti şöyle der: "Tanrı O`nda yüceltildiğine göre, Tanrı da O`nu kendinde yüceltecek. Hem de hemen yüceltecektir." O'nu yücelttiğimizde bu dünya da bolca kutsanır ve göksel egemenlikte ise sonsuz görkeme kavuşuruz. 1.Korintliler 15:41 ayeti şöyle der: "Güneşin görkemi başka, ayın görkemi başka, yıldızların görkemi başkadır. Görkem bakımından yıldız yıldızdan farklıdır."

Bu ayet, göksel egemenlikte tadına varacağımız farklı yaşam alanları ve kurtulan her birimizin görkemi hakkında bize bilgi verir. Bahşedilen göksel alanlar ve görkem, saf ve kutsal yüreklere sahip olmak için söküp attığımız günahların ölçüsüne ve Tanrı'nın egemenliğine ettiğimiz hizmetin sadakatine göre verilir. Bir kez verildiğinde geri alınmaz.

Tanrı, ruha ait gerçek çocuklarına sahip olmak için insanı yarattı. Tanrı'nın orijinal planı, insanın kendi özgür iradesiyle gerçeğe ait olmayan benliği ve canı söküp atması, ruhun ve bütünüyle ruhun insanına dönüşmesidir. İnsanın yaratılıp yetiştirilmesiyle ilgili Tanrı'nın asıl niyeti, ruhun ve bütünüyle ruhun insanına dönüşenler tarafında yerine getirilecektir.

Tanrı'nın insanı yaratmasındaki amacına layık olarak yeryüzünde kaç insanın yaşamakta olduğunu düşünüyorsunuz?

203

Eğer Tanrı'nın insanları yaratma amacını anlarsak, Âdem'in günahı yüzünden kaybettiğimiz Tanrı'nın suretini kesinlikle geri kazanabileceğiz. Sadece gerçeğin ışığında görecek, duyacak ve konuşacağız. Tüm düşüncelerimiz ve amellerimiz kutsal ve yetkin olacak. Bu, ilk insan Âdem'i yarattıktan sonra Âdem'in verdiği sevinçten saha fazlasını Tanrı'ya veren Tanrı'nın gerçek çocukları olmanın yoludur. Tanrı'nın bu çocukları, Âdem'in Aden Bahçesinde yaşayan bir ruh olarak aldığı hazla kıyaslanamayacak bir görkemin tadına göklerde varacaklardır.

## 3. Bölüm
# Gerçek İnsan

Tanrı kendi suretinde insanı yarattı. Tanrı'nın içten isteği, O'nun kaybolan suretini geri kazanmamız ve tanrısal öze sahip olmamızdır.

İnsanın Görevi

Hanok'un Tanrı Yolunda Yürümesi

Tanrı'nın Dostu İbrahim

Musa'nın, Halkını Kendi Yaşamından Daha Çok Sevmesi

Elçi Pavlus'un Tanrı Gibi Görünmesi

Tanrılar Diye Çağrıldılar

Eğer Tanrı'nın Sözünü tatbik edersek, günah işlemeden önce yaşayan bir ruh olarak Âdem'in deneyim ettiği gerçekle dolu ruhun yüreğini geri kazanabiliriz. İnsanın görevi, Âdem'in günahı yüzünden Tanrı'nın kaybedilen suretini geri kazanmak ve tanrısal öze sahip olmaktır. Kutsal Kitap'ta Tanrı'nın Sözünü alıp iletenleri, Tanrı'yla ilgili sırları konuşanları ve yaşayan Tanrı'yı göstermek için O'nun gücünü ortaya koyanları görebiliriz; onlar öylesine soylu sayılmışlardır ki krallar bile önlerinde eğilmişlerdir. Çünkü Yüceler Yücesi'nin gerçek çocukları sayılmışlardır (Mezmurlar 82:6).

Bir gün Babil kralı Nebukadnessar gördüğü bir düşle huzursuz oldu. Rüyasının ne olduğunu söylemeden yorumunu almak üzere büyücüleri ve Kildanileri çağırttı. İsteği, insani güçle mümkün değildi ama insan bedeninde yaşamayan Tanrı için mümkündü.

Tanrı'nın bir kulu olan Daniel, düşün yorumunu yapmak için kraldan kendisine biraz süre tanımasını istedi. Tanrı bir görümle o gece Daniel'e gizemli şeyler gösterdi. Kralın huzuruna çıkan Daniel, düşün yorumunu yaptı. Bunun üzerine Kral

Nebukadnessar Daniel'in önünde yüzüstü yere kapandı. Ona bir sunu ve buhur sunulmasını buyurdu. Ayrıca Tanrı'yı yüceltti.

## İnsanın Görevi

Kral Süleyman, herkesten çok daha fazla ihtişamın ve refahın tadını vardı. Babası Davut'un kurduğu birleşik krallıkla ülkenin gücü öylesine güçlenmişti ki çevredeki komşu ülkeler kendisine vergi ödüyordu. Süleyman'ın hükümranlığı sırasında krallık en görkemli zamanını yaşıyordu (1. Krallar 10).

Fakat zamanla Tanrı'nın lütufunu unuttu. Her şeyin salt kendi gücüyle yapıldığını düşündü. Tanrı'nın Sözünü yok saydı ve öteki ulustan bir kadınla evlenmeyi yasaklayan buyruğu çiğnedi. Yaşamının son günlerine doğru Yahudi olmayan pek çok cariye edindi. Dahası öteki uluslardan bu cariyelerin isteğiyle tapınma yerleri kurdu ve kendisi de putlara tapındı.

Tanrı, yabancı ilahlara tapınmaması için Süleyman'ı iki kez uyardı ama o, itaat etmedi. Sonunda Tanrı'nın gazabı bir sonraki nesilde üzerlerine düştü ve İsrail iki krallığa bölündü. İstediği her şeyi alabilirdi ama Süleyman son günlerinde, "Her şey boş, bomboş, bomboş!" diye ikrar etti (Vaiz 1:2).

Dünyadaki tüm şeylerin anlamsız olduğunu anladı ve "Her şey duyuldu, sonuç şu: Tanrı'ya saygı göster, buyruklarını yerine getir, Çünkü her insanın görevi budur." (Vaiz 12:13) sonucuna vardı. İnsanın görevinin Tanrı'dan saygıyla korkmak ve O'nun

buyruklarını yerine getirmek olduğunu söyledi.
Bu ne anlama gelir? Tanrı'dan korkmak kötülükten nefret etmektir (Özdeyişler 8:13). Tanrı'yı sevenler kötülükleri söküp atar ve O'nun buyruklarını tutarlar. Ve böylece insanın görevini yerine getirirler. Tanrı'nın suretini tamamen geri kazanmak için Rab'bin yüreğini yetiştirdiğimizde tam insanlar olduğumuz söylenebilir. Öyleyse Tanrı'nın hoşnut olduğu gerçek imanın atalarından bazılarının örneklerini inceleyelim.

## Hanok'un Tanrı Yolunda Yürümesi

Hanok üç yüz yıl Tanrı yolunda yürüdü ve Tanrı onu ölümü tatmadan yanına aldı. Günahın ücreti ölümdür ve Hanok'un ölümü tatmadan göklere alınması gerçeği, Tanrı'nın onu günahsız bulduğunun kanıtıdır. Tanrı'nın yüreğini anımsatan saf ve kusursuz bir yüreği yetiştirmişti. Bu yüzden ölümü tatmadan alındığında Şeytan onun için hiçbir suçlama getiremedi.

Yaratılış 5:21-24 ayetleri bunun hakkında şunları söyler: "Hanok 65 yaşındayken oğlu Metuşelah doğdu. Metuşelah'ın doğumundan sonra Hanok 300 yıl Tanrı yolunda yürüdü. Başka oğulları, kızları oldu. Hanok toplam 365 yıl yaşadı. Tanrı yolunda yürüdü, sonra ortadan kayboldu; çünkü Tanrı onu yanına almıştı."

'Tanrı yolunda yürümek', Tanrı'nın o kişiyle her daim birlikte olduğu anlamına gelir. Hanok, üç yıl boyunca Tanrı'nın isteğine göre yaşadı. Tanrı, gittiği her yerde onunla birlikteydi.

Tanrı ışık, iyilik ve sevginin kendisidir. Böyle bir Tanrı'nın yolunda yürümek için yüreklerimizde hiçbir karanlık taşımamalıyız. Yüreklerimiz iyilik ve sevgiyle dolu olmalıdır. Hanok günahla dolu bir dünyada yaşadı ama kendisini temiz tuttu. Ayrıca Tanrı'nın mesajını dünyaya duyurdu. "Âdem'den sonraki altıncı kuşaktan olan Hanok, bu adamlara ilişkin şu peygamberlikte bulundu: "İşte Rab herkesi yargılamak üzere onbinlerce kutsalıyla geliyor..." Ayette de yazıldığı gibi, Rab'bin İkinci Gelişi ve Yargı Günü hakkında insanları uyardı.

Kutsal Kitap, Hanok'un büyük başarıları ya da Tanrı için yaptığı olağanüstü şeyler hakkında bir şey yazmaz. Fakat Tanrı'dan saygıyla korktuğu, kutsal bir yaşam yaşadığı ve her türlü kötülükten kaçındığı için Tanrı tarafından çok sevildi. Bu yüzden Hanok'u 'genç yaşında' yanına aldı. Hanok'un zamanında insanlar 900 yıldan fazla yaşıyorlardı ve Hanok alındığında henüz 365 yaşındaydı. Genç ve dinç bir adamdı.

İbraniler 11:5 ayeti şöyle der: "İman sayesinde Hanok ölümü tatmamak üzere yukarı alındı. Kimse onu bulamadı, çünkü Tanrı onu yukarı almıştı. Yukarı alınmadan önce Tanrı'yı hoşnut eden biri olduğuna tanıklık edildi."

Günümüzde bile Tanrı, dünyayla lekelenmemiş saf ve güzel yüreklere sahip kutsal ve tanrısal yaşamlar sürdürmemizi ister ki, her daim bizimle olabilsin.

## Tanrı'nın Dostu İbrahim

Tanrı, 'imanın atası' olan İbrahim vesilesiyle Tanrı'nın gerçek bir çocuğunun nasıl olması gerektiğini insanlığın bilmesini sağlar. İbrahim 'kutsamaların kaynağı' ve 'Tanrı'nın dostu' olarak adlandırıldı. Dost, güvendiğiniz ve sırlarınızı paylaştığınız kişidir. Kuşkusuz ki tamamen Tanrı'ya güvenene kadar İbrahim'in arınma dönemleri olmuştu. Nasıl oldu da İbrahim, Tanrı'nın bir dostu olarak tasdik edildi?

İbrahim sadece 'evet' ve 'Âmin' diyerek itaat etti. Yurdunu terk etmek için Tanrı'nın ilk çağrısını aldığında nereye gideceğini bilmeden sadece itaat etti. İbrahim ayrıca başkalarının çıkarlarını gözetti ve barışın yolunu izledi. Yeğeni Lut ile yaşıyordu ama ayrılma zamanı geldiğinde, toprak seçiminde önceliği yeğenine tanıdı. Bir büyüğü olarak öncelik hakkı kendisindeydi ama bu hakkından vazgeçti.

Yaratılış 13:9 ayetinde İbrahim şöyle demiştir: "Bütün topraklar senin önünde. Gel, ayrılalım. Sen sola gidersen, ben sağa gideceğim. Sen sağa gidersen, ben sola gideceğim"

İbrahim'in öylesine güzel bir yüreği vardı ki, Tanrı, Yaratılış 13:15-16 ayetlerinde şu vaatte bulunmuştur: "Gördüğün bütün toprakları sonsuza dek sana ve soyuna vereceğim. Soyunu toprağın tozu kadar çoğaltacağım. Öyle ki, biri çıkıp da toprağın tozunu sayabilirse, senin soyunu da sayabilecek."

Bir gün güçlerini birleştiren beş kral, İbrahim'in yeğeni

Lut'un yaşadığı Sodom ve Gomora'ya saldırdı, insanları ve mallarını tutsak aldılar. İbrahim, evinde doğup yetişmiş üç yüz on sekiz adamını yanına alarak dört kralı Dan'a kadar kovaladı. Yağmalanan bütün malı, yeğeni Lut'la mallarını, kadınları ve halkı geri getirdi.

Sodom Kralı, malları İbrahim'e vermek istedi ama İbrahim teşekkür ederek şöyle dedi: "...sana ait hiçbir şey, bir iplik, bir çarık bağı bile almayacağıma ant içerim; Öyle ki, `Avram`ı zengin ettim` demeyesin.'" (Yaratılış 14:23). Kraldan bir şey alması yanlış değildi ama sahip olduğu her şeye sadece Tanrı'nın kutsamasıyla sahip olduğunu kanıtlamak için kralın teklifini reddetti. Bencil arzulardan arınmış saf bir yürekle sadece Tanrı'yı yüceltti ve Tanrı'da onu bolca kutsadı.

Tanrı İbrahim'den oğlunu yakmalık bir sunu olarak vermesini buyurduğunda derhal itaat etti çünkü ölüyü diriltebilen Tanrı'ya güveniyordu. Sonunda Tanrı İbrahim'i şu sözlerle imanın atası tesis etti: "Seni fazlasıyla kutsayacağım; soyunu göklerin yıldızları, kıyıların kumu kadar çoğaltacağım. Soyun düşmanlarının kentlerini mülk edinecek. Soyunun aracılığıyla yeryüzündeki bütün uluslar kutsanacak. Çünkü sözümü dinledin" (Yaratılış 22:17-18). Tanrı ayrıca insanlığı kurtaracak İsa'nın onun soyundan geleceğini vaat etti.

Yuhanna 15:13 ayeti şöyle der: "Hiç kimsede, insanın, dostları uğruna canını vermesinden daha büyük bir sevgi yoktur." Kendi yaşamından bile daha kıymetli olan oğlu İshak'ı yakmalık bir sunu olarak vermeye istekliliğiyle Tanrı'ya olan sevgisini ifade etti. Büyük imanı ve Tanrı'ya olan sevgisi nedeniyle onu Tanrı'nın dostu ilan ederek Tanrı, insanın yetiştirilmesinde bir örnek olarak İbrahim'i tasdik etti.

Tanrı, her-şeye-gücü-yetendir ve bu yüzden her şeyi yapabilir ve bize her şeyi verebilir. Fakat insanın yetiştirilme sürecinde gerçekle değiştikleri ölçüde onları kutsar ve dualarını yanıtlar. Böylece kutsamalara şükran duyarak Tanrı'nın sevgisini duyumsayabilirler.

## Musa'nın, Halkını Kendi Yaşamından Daha Çok Sevmesi

Musa, Mısır'da bir prens konumundayken kendi halkından birine yardım etmek için bir Mısırlı'yı öldürmek ve Firavunun sarayından kaçmak zorunda kaldı. O andan itibaren sürülerle ilgilenen bir çoban olarak kırk yıl çöllerde yaşadı.

Midyan çöllerinde daha alt bir konumda sürülerle ilgilendi ve Mısırlı bir prens olarak sahip olduğu tüm kibir ve kendine has doğruluğu terk etmek zorunda kaldı. Tanrı, bu alçakgönüllü Musa'ya belirdi ve İsrailoğulları'nın Mısır'dan çıkartılması görevini ona verdi. Bunu yapması için Musa'nın hayatını riske atması gerekiyordu ama o, itaat ederek Firavun'un huzuruna çıktı.

Eğer İsrailoğulları'nın davranışlarına bakacak olursak, tüm bu insanları kabullenen ve kucaklayan Musa'nın ne kadar geniş bir yüreğe sahip olduğunu görebiliriz. Zorluklarla yüzleştiklerinde Musa'ya homurdandılar ve hatta onu taşlamayı denediler. Su olmadığında susuzluktan yakındılar. Suları olduğunda yiyecekleri olmadığı için yakındılar. Tanrı, göklerden man gönderdiğinde, et olmadığı için yakındılar. Yedikleri manı küçümseyerek Mısır'da daha iyi şeyler yediklerini söylediler. Sonunda Tanrı, yüzünü onlardan çevirdiğinde çölden yılanlar çıkıp onları ısırdı. Fakat Tanrı, Musa'nın içten duasını duyduğu için kurtulabildiler. İnsanlar, Tanrı'nın uzunca bir zamandır Musa'yla birlikte olduğuna şahit olmuştu ama Musa yanlarından ayrılır ayrılmaz altından bir buzağı yaparak ona tapındılar. Zina işleyerek öteki ulusların kadınları tarafından aldatıldılar ki, bu yaptıkları ayrıca ruhani zina anlamına da geliyordu. Musa, bu insanlar için gözyaşları içinde Tanrı'ya dua etti. Aldıkları lütufu hatırlamamalarına rağmen onların bağışlanması için kendi yaşamını bile rehin olarak ortaya koydu.

Mısır'dan Çıkış 32:31-32 ayetleri şöyle der:

Sonra RAB'be dönerek, "Çok yazık, bu halk korkunç bir günah işledi" dedi, "Kendilerine altın put yaptılar. Lütfen günahlarını bağışla, yoksa yazdığın kitaptan adımı sil."

Burada 'adımı yazdığın kitaptan sil' demek, Musa'nın kurtulmak yerine sonsuz ölüm olan cehennemin sonsuz ateşinde acı çekmeyi göze aldığı anlamına gelir. Musa tüm bu gerçekleri biliyordu ama kendisini bu şekilde feda ederek halkının bağışlanmasını tercih etti.

Musa'nın bu halini gören Tanrı nasıl hissetmiş olmalı? Musa, günahtan nefret eden ama günahkârları kurtarmak isteyen Tanrı'nın yüreğini derinden biliyordu. Tanrı kendisinden hoşnuttu ve kendisi de Tanrı'yı çok seviyordu. Tanrı, Musa'nın sevgi dolu duasını duydu ve böylece İsrailoğulları Tanrı'nın yıkımından kurtulabildiler.

Bir yanda yumruk büyüklüğünde kusursuz bir elmas, diğer yanda ise aynı ebatlarda binlerce taş olduğunu hayal edin. Hangisi daha değerlidir? Ne kadar çok taş olursa olsun hiç kimse onları elmasın yerine koymaz. Aynı şekilde insanın yetiştirilmesini amacını yerine getiren Musa'nın değeri, bunu başaramayan milyonlarcasının yanında çok daha değerliydi (Mısır'dan Çıkış 32:10).

Çölde Sayım 12:3 ayeti Musa'yla ilgili şunu söyler: "Musa yeryüzünde yaşayan herkesten daha alçakgönüllüydü." Ve Çölde Sayım 12:7 ayetinde Tanrı şu sözlerle Musa'yı tasdik eder: "Ama kulum Musa öyle değildir. O bütün evimde sadıktır."

Kutsal Kitap'ın birçok yerinde Tanrı'nın Musa'yı ne kadar çok sevdiğini okuruz. Mısır'dan Çıkış 33:11 ayeti şöyle der: "RAB Musa'yla iki arkadaş gibi yüz yüze konuşurdu." Ayrıca Mısır'dan Çıkış 33. bölümde, Musa'nın Tanrı'dan kendisini göstermesini istediğini ve Tanrı'nın da onu yanıtladığını görürüz.

## Elçi Pavlus'un Tanrı Gibi Görünmesi

Elçi Pavlus, tüm yaşamı boyunca Rab için çalıştı ama yinede geçmişinden dolayı her zaman yüreği sıkıntılıydı. Çünkü Rab'be zulmetmişti. Dolayısıyla şu sözlerle şükranla ve gönülden sınamaları sırtladığını belirtti: "Ben elçilerin en önemsiziyim. Tanrı'nın kilisesine zulmettiğim için elçi olarak anılmaya bile layık değilim." (1.Korintliler15:9). Zindanlara atıldı, pek çok kez dövüldü, sıklıkla ölüm tehdidi altındaydı. Beş kez Yahudiler'den otuz dokuzar kırbaç yedi. Üç kez değnekle dövüldü, bir kez taşlandı, üç kez deniz kazasına uğradı. Bir gün bir gece açık denizde kaldı. Sık sık yolculuk etti. Irmaklarda, haydutlar arasında, gerek soydaşlarının gerekse öteki ulusların arasında tehlikelere uğradı. Kentte, kırda, denizde, sahte kardeşler arasında tehlikelere düştü. Emek verdi, sıkıntı çekti, çok kez uykusuz kaldı. Açlığı, susuzluğu tattı. Çok kez yiyecek sıkıntısı çekti, soğukta çıplak kaldı.

Acıları öylesine muazzamdı ki 1.Korintliler 4:9 ayetinde şöyle dedi: "Kanımca Tanrı biz elçileri, en geriden gelen ölüm hükümlüleri gibi gözler önüne serdi. Hem melekler hem insanlar için, bütün evren için seyirlik oyun olduk."

Tanrı'nın elçi Pavlus gibi böylesine sadık bir kulunun böylesine büyük zulümler ve zorluklar çekmesine izin vermesinin sebebi neydi? Tanrı, tıpkı bir kristal gibi berrak ve güzel bir yüreğe dönüşmesini istedi. Her an tutuklanabileceği ya da öldürülebileceği o korkunç koşullar altında Pavlus'un Tanrı'dan başka güvenebileceği hiç kimse yoktu. Tanrı'da huzur ve sevinç buldu. Tamamen kendini yadsıdı ve Rab'bin yüreğini yetiştirdi. Pavlus'un aşağıdaki itirafı çok dokunaklıdır çünkü sınamalarla güzel bir insana dönüşmüştür. Bir insan için katlanması çok zor olsa da hiçbir zorluktan kaçmayı istemedi. 2. Korintliler 11:28 ayetinde kilise ve cemaatine olan sevgisini şöyle dile getirmiştir: "Öbür sorunların yanısıra, bütün kiliseler için her gün çektiğim kaygının baskısı var üzerimde."

Ayrıca Romalılar 9:3 ayetinde kendisini öldürmek isteyen insanlar için şunları demiştir: "Kardeşlerimin, soydaşlarım olan İsrailliler'in yerine ben kendim lanetlenip Mesih'ten uzaklaştırılmayı dilerdim." Bu ayette geçen 'kardeşlerim, soydaşlarım' kelimeleriyle kastettiği, kendisine zulmeden ve ciddi şekilde rahatsızlık veren Yahudiler ve Ferisilerdir.

Elçilerin İşleri 23:12-13 ayetleri şöyle der: "Ertesi sabah Yahudiler aralarında gizli bir anlaşma yaptılar. "Pavlus'u öldürmeden bir şey yiyip içersek, bize lanet olsun!" diye ant içtiler. Bu anlaşmaya katılanların sayısı kırkı aşıyordu."

Pavlus, kendisiyle ilgili bu duygulara sahip olmalarına neden olacak bir şeyi asla yapmadı. Asla onlara yalan söylemedi ya da zarar vermedi. Sadece müjdeyi duyurduğu ve Tanrı'nın gücünü ortaya koyduğu için Pavlus'u öldürmeye ant içen bir grup oluşturdular.

Fakat yine de kendi kurtuluşunu kaybedecek olsa bile bu insanlar için dua etti. İşte bu sebeple Tanrı, ona öylesine büyük bir güç verdi. Kendisine zarar vermeye çalışanlar için kendi yaşamını feda edebileceği büyük bir iyilik yetiştirdi. Tanrı, Pavlus'un bedenine değen peşkir ve peştamallar yoluyla kötü ruhların ve hastalıkların yok edilebileceği olağanüstü işleri ortaya koymasını sağladı.

## Tanrılar Diye Çağrıldılar

Yuhanna 10:35 ayeti şöyle der: "Tanrı, kendilerine sözünü gönderdiği kimseleri ilahlar diye adlandırır. (Kutsal Yazı da geçerliliğini yitirmez)." Tanrı'nın Sözünü aldıkça ve tatbik ettikçe gerçeğin, yani ruhun insanları oluruz. Bu, ruh olan Tanrı'ya benzemenin, ruhun ya da bütünüyle ruhun insanı olmanın yoludur. Ve aynı bu ölçüde ilahlar olarak adlandırılırız.

Mısır'dan Çıkış 7:1 ayeti şöyle der: "RAB, "Bak, seni firavuna karşı Tanrı gibi yaptım" dedi, "Ağabeyin Harun senin peygamberin olacak.'" Ayrıca Mısır'dan Çıkış 4:16 ayetinde de şöyle der: "O sana sözcülük edecek, senin yerine halkla konuşacak. Sen de onun için Tanrı gibi olacaksın." Ayette de yazılmış olduğu gibi, Tanrı Musa'ya öylesine büyük bir güç vermişti ki, diğer insanların önünde Tanrı gibiydi.

Elçilerin İşleri 14. bölümde İsa'nın adıyla elçi Pavlus, hayatında hiç yürümemiş bir insanın kalkıp yürümesini sağladı. Yerinden fırlayıp yürüyünce çevredeki insanlar hayretler içinde şöyle dedi: "Tanrılar insan kılığına girip yanımıza inmiş!" (Elçilerin İşleri 14:11). Bu örnekte de olduğu gibi, Tanrı'nın yolunda yürüyenler, tanrılar gibi görünebilirler çünkü fiziki bedenleri olsa bile onlar ruhun insanlarıdır.

Bu yüzden 2. Petrus 1:4 ayetinde anlatılır: "O'nun yüceliği ve erdemi sayesinde bize çok büyük ve değerli vaatler verildi. Öyle ki, dünyada kötü arzuların yol açtığı yozlaşmadan kurtulmuş olarak, bu vaatler aracılığıyla tanrısal özyapıya ortak olasınız."

İnsanın tanrısal özyapıya ortak olmasının, Tanrı'nın en içten arzusu olduğunu kavrayalım. Bu yüzden, karanlığın gücünün sadece zevk aldığı çürüyüp gidecek olan benliği söküp atmalı, Ruh ile ruhun doğuşunu sağlamalı ve tanrısal özyapıya ortak olmalıyız.

Bütünüyle ruh seviyesine bir kez ulaşmamız, ruhu tamamen geri kazandığımız anlamına gelir. Ruhu tamamen geri almak, Âdem'in günahı sebebiyle kaybedilen Tanrı'nın suretini geri kazanmak demektir; bu sayede tanrısal özyapıya ortak olabileceğimiz anlamına gelir.

Bir kez bu seviyeye ulaştığımızda Tanrı'ya ait gücü alabiliriz. Tanrı'nın gücü, Tanrı'yı anımsatan çocuklarına bir armağanıdır (Mezmurlar 62:11). Tanrı'nın gücüne sahip olmanın kanıtları belirti ve harikalar, olağanüstü mucizeler ve hepsi Kutsal Ruh'un işleriyle ortaya konan harika şeylerdir.

Böyle bir gücü alırsak, sayısız insanı yaşam ve kurtuluş yoluna taşıyabiliriz. Petrus, Kutsal Ruh'un gücüyle pek çok büyük iş ortaya koymuştur.

Sadece bir vaazıyla beş binden fazla insan kurtulmuştur. Tanrı'nın gücü, yaşayan Tanrı'nın o kişiyle birlikte olduğunun kanıtıdır. Ayrıca insanlara imanı ekmenin emin bir yoludur.

İnsanlar belirtiler ve harikalar görmedikçe iman etmezler (Yuhanna 4:48). Bu yüzden, Tanrı, ruhu tamamen geri kazanan ruhun insanları aracılığıyla gücünü ortaya koyar. Bu sayede insanlar yaşayan Tanrı'ya, Kurtarıcı İsa Mesih'e, göksel egemenlik ve cehennemin varlığına ve Kutsal Kitap'ın doğruluğuna iman edebilir.

## 4. Bölüm
# Ruhani Dünya

Kutsal Kitap sıklıkla ruhani dünyayı ve onu deneyim eden insanları anlatır. Yeryüzündeki bu yaşamımızdan sonra gideceğimiz yerde ruhani dünyadır.

Elçi Pavlus, Ruhani Dünyanın Sırlarını Biliyordu

Kutsal Kitap'ta Betimlenen Sınırsız Ruhani Dünya

Göksel Egemenlik ve Cehennem Kesinlikle Vardır

Kurtulmayan Canların Ölümden Sonraki Yaşamı

Nasıl ki Güneşin ve Ayın Görkemi Farklıysa

Göksel Egemenlik Aden Bahçesi'yle Kıyaslanamaz

Gerçek Çocuklara Bahşedilen En İyi Armağan Olan Yeni Yeruşalim

Tanrı'nın kaybolan suretini geri kazananların dünyevi yaşamları son bulduğunda ruhani dünyaya geri dönerler. Fiziki dünyamızın tersine ruhani dünya sınırsız bir yerdir. Yüksekliğini, derinliğini ya da genişliğini ölçemeyiz.

Böylesi muazzam genişlikteki ruhani dünya, Tanrı'ya ait ışığın ve kötü ruhlara ait karanlığın uzamları olarak ikiye ayrılır. Işığın uzamında imanla kurtulan Tanrı'nın çocukları için hazırlanmış göksel egemenlik bulunur. İbraniler 11:1 ayeti şöyle der: "İman, umut edilenlere güvenmek, görünmeyen şeylerin varlığından emin olmaktır." Anlatılmış olduğu gibi, ruhani dünya görülemeyen bir dünyadır. Fakat nasıl ki fiziki dünyada görünmeyen ama varlığı aşikâr rüzgârın gerçekliği gibi, ortaya konan kanıtlar onun varlığını sağlamca doğrular.

İman, ruhani dünyaya bizi bağlayan bir geçittir. Bu fiziksel dünyada yaşayan bizlerin, ruhani dünyadaki Tanrı'yla bir araya gelmesinin bir yoludur. İmanla ruh olan Tanrı'yla iletişim kurabiliriz. Ruhani kulaklarımızın açılmasıyla Tanrı'nın Sözünü duyabilir ve anlayabiliriz; ruhani gözlerimizin açılmasıyla fiziki gözlerimizin göremediği ruhani dünyayı görebiliriz.

İmanımız arttıkça daha da fazla göksel egemenliğe umut besler ve daha derinden Tanrı'nın yüreğini anlayabiliriz. O'nun sevgisini kavradıkça ve duyumsadıkça, Tanrı'yı sevmekten kendimizi alamayız. Dahası, bir kez yetkin imana sahip olduğumuzda, fiziki dünyada olması kesinlikle imkânsız olan ruhani dünyaya ait şeyler meydana gelir çünkü Tanrı bizimledir.

### Elçi Pavlus, Ruhani Dünyanın Sırlarını Biliyordu

2. Korintliler 12:1 ayetinden itibaren Pavlus şu sözlerle ruhani dünyayla ilgili deneyimini ifade eder: "Yararlı olmasa da övünmek gereklidir. Şimdi görümlere ve Rab'bin vahiylerine geleyim." Bu sözleri, göğün üçüncü katındaki cennetle ilgiliydi.

2. Korintliler 12:6 ayetinde şöyle der: "Övünmek istesem bile akılsız olmayacağım. Çünkü gerçeği söylemiş olacağım. Ama kimse beni gördüğünden ya da işittiğinden daha üstün görmesin diye övünmekten kaçınıyorum." Elçi Pavlus'un pek çok ruhani deneyimi oldu ve Tanrı'dan vahiyler aldı; ama ruhani dünyayla ilgili her şeyi konuşmadı.

Yuhanna 3:12 ayetinde İsa şöyle demiştir: "Sizlere yeryüzüyle ilgili şeyleri söylediğim zaman inanmazsanız, gökle ilgili şeyleri söylediğimde nasıl inanacaksınız?" Kendi gözleriyle onca gücün işlerini gördükten sonra bile İsa'nın öğrencileri tam olarak İsa'ya inanamıyordu. Ancak Rab'bin dirilişine tanık olduktan sonra gerçek bir imana sahip oldular. O andan sonra yaşamlarını Tanrı'nın egemenliğine ve müjdeyi duyurmaya adadılar. Elçi Pavlus'ta ruhani dünyayı gayet iyi biliyordu ve tüm yaşamıyla görevini tamamen yerine getirdi.

Tıpkı Pavlus'un duyumsadığı ve anladığı gibi bizlerinde gizemli ruhani dünyayı duyumsamamızın ve anlamamamızın bir yolu yok mudur? Elbette ki vardır. İlk olarak ruhani dünyaya özlem duymalıyız. Ruhani dünyaya içten bir arzu duymak, ruh olan Tanrı'ya inandığımızın ve O'nu sevdiğimizin bir kanıtıdır.

### Kutsal Kitap'ta Betimlenen Sınırsız Ruhani Dünya

Kutsal Kitap'ta ruhani dünya ve ruhsal deneyimler hakkında pek çok ayet bulabiliriz. Âdem, ruhani bir ruh olan yaşayan bir varlık olarak yaratıldı ve Tanrı'yla iletişim kurabiliyordu. Hatta Âdem'den sonra bile Tanrı'yla iletişim kurabilen pek çok peygamber geldi ve bazen Tanrı'nın sesini doğrudan duydular (Yaratılış 5:22, 9:9-13; Mısır'dan Çıkış 20:1-17; Çölde Sayım 12:8). Bazen Tanrı'nın mesajlarını insanlara iletmek için melekler belirdi. Ayrıca dört varlıkla ilgili bilgiler vardır (Hezekiel 1:4-14). Keruvlar (2. Samuel 6:2; Hezekiel 10:1-6) ve ateşten atlı arabalar (2. Krallar 2:11, 6:17) vardır. Bunların hepsi ruhani dünyaya aittir.

Kızıldeniz ikiye ayrıldı. Tanrı adamı Musa aracılığıyla kayadan su fışkırdı. Yeşu'nun duasıyla güneş ve ay durdu. İlyas'ın Tanrı'ya duasıyla göklerden ateş yağdı. Bu dünyadaki tüm görevlerini yerine getirdikten sonra İlyas kasırgayla göklere alındı. Bunlar, fiziki dünyamızda meydana gelen ruhani dünyaya ait örneklerdir.

Bunlara ek olarak 2. Krallar 6 ayetinde Aram'ın ordusu Elişa'yı yakalamaya geldiğinde, Elişa'nın uşağı Gehazi'nin ruhani gözleri açıldı ve uşak, Elişa`nın çevresindeki dağların atlılarla, ateşten savaş arabalarıyla Elişa'yı korumak üzere dolu olduğunu gördü. Daniel, ülkenin bakanlarının komplosuyla aslan çukuruna atıldı ama Tanrı, meleklerini aslanların ağızlarını kapatmak için gönderdiğinden hiç zarar görmedi. İmanlarını korumak için Daniel'in üç arkadaşı krala itaatsizlik edip yedi kez daha ısıtılmış kızgın fırına atıldılar. Fakat saçlarının tek bir teline zarar gelmedi.

Tanrı oğlu İsa'da yeryüzüne insan bedeninde geldi ama fiziki dünyanın sınırlarına bağlı olmadan sınırsız ruhani dünyaya ait şeyleri ortaya koydu. Ölüyü diriltti, pek çok hastalığı iyileştirdi ve suda yürüdü Dahası dirildikten sonra Emmaus yolundaki iki öğrencisine göründü (Luka 24:13-16), Yahudilerden korktukları için kapıları kapalı tutan öğrencilerinin bulunduğu eve, duvarların içinden geçerek girdi (Yuhanna 20:19).

Bu, aslında bakarsanız fiziki uzamın ötesine geçebilmeyi sağlayan ışınlanmadır. Bizlere, ruhani dünyanın zaman ve mekân sınırlamalarını geçebildiğini anlatır. Gözlerimizin görebildiği fiziki uzamdan başka bir de ruhani uzam vardır ve dilediği zaman dilediği mekânda bu ruhani uzam üzerinde hareket etmiştir.

Göksel egemenliğin vatandaşları olan Tanrı'nın çocukları, ruhani şeylere özlem duymalıdır. Tanrı, Yeremya 29:13 ayetinde, "Beni arayacaksınız, bütün yüreğinizle arayınca beni bulacaksınız." dediği gibi, böyle hasret duyan insanların ruhani dünyayı deneyim etmesini sağlar.

Kendimize has doğruluğumuzu, kavramlarımızı ve benmerkezli yapılarımızı söküp attığımızda ve ruhani dünyaya özlem duyduğumuzda ruha ulaşabiliriz ve Tanrı'da ruhani gözlerimizi açabilir.

Elçi Yuhanna, İsa'nın on iki öğrencisinden biriydi (Vahiy 1:1, 9). M.S. 95 yılında Roma İmparatoru Domitian tarafından tutuklandı ve kaynar suyun olduğu kazana atıldı. Fakat ölmedi ve Ege Denizi'ndeki Patmos Adasına sürgüne gönderildi. Vahiy kitabını orada yazdı.

Yuhanna'nın bu derin vahiyleri alabilmesi için yetkinliği olması gerekiyordu. Bu yetkinlikler, içinde hiçbir kötülüğün olmadığı kutsallığa ve Rab'bin yüreğine sahip olmasıydı. Tamamıyla saf ve kutsal bir yürekle kendini adayarak ettiği dualar vesilesiyle Kutsal Ruh'un esinlemesini alarak göksel egemenliğin derin sır ve vahiylerini alabildi.

## Göksel Egemenlik ve Cehennem Kesinlikle Vardır

Ruhani dünyada göksel egemenlik ve cehennem bulunur. Manmin kilisesini açtıktan kısa bir süre Tanrı duam esnasında bana göksel egemenliği ve cehennemi gösterdi. Göklerin güzelliği ve verdiği mutluluk hissini ifade etmek için kelimeler yetersiz kalır.

Yeni Ahit zamanında İsa Mesih'e kurtarıcıları olarak iman edenlerin günahları bağışlandı ve kurtuluşu aldılar. Dünyadaki yaşamları sonlandığında ilk olarak yukarı ölüler diyarına giderler. Ruhani dünyaya uyum sağlamak için orada üç gün kalırlar ve sonra göksel egemenliğin cennet denilen bekleme yerine giderler. Rab'bin göğe alınmasına kadar imanın atası İbrahim yukarı ölüler diyarından sorumluydu ve bu yüzden İncil'de İbrahim'in yanındaki dilenci Lazar'ın hikâyesini okuruz.

Son nefesini verdikten sonra İsa, yukarı ölüler diyarındaki ruhlara müjdeyi duyurdu (1. Petrus 3:19). Müjdeyi duyurduktan sonra dirildi ve oradaki tüm ruhları cennete getirdi. O zamandan beri kurtulan bu ruhlar, cennetin etekleri olan göksel egemenliğin bekleme yerinde kalmaktadır. Beyaz Tahtın Yargısı sonlandığında her biri imanının ölçüsüne göre şahsi göksel yaşam alanlarına gidecek ve orada sonsuza dek yaşayacaklardır.

İnsanın yetiştirilme süreci son bulduğunda meydana gelecek Beyaz Tahtın Yargısında, iyimi, yoksa kötü mü diye, yaratılıştan bu yana doğmuş olan her insanın amelini Tanrı yargılayacaktır. Buna Beyaz Tahtın Yargısı denir çünkü Tanrı'nın tahtı öylesine parlaktır ki tamamen beyaz görünür (Vahiy 20:11).

Bu büyük yargı günü, Rab'bin bulutlar arasında yeryüzüne kinci gelişinde olur ve Bin yıllık süreden sonra egemenlik sonlanır. Kurtulanları ödüller, kurtulamayanları cezalar bekler.

### Kurtulmayan Canların Ölümden Sonraki Yaşamı

Rab'be iman etmeyen ve iman ettiğini söyleyip kurtulamayanlar, öldükten sonra iki elçi tarafından cehenneme alınırlar. Aşağı ölüler diyarında yaşamaya hazırlanmak için devasa bir çukura andıran bir yerde kalırlar. Onları bekleyen sadece büyük bir acıdır. Üç gün geçtikten sonra aşağı ölüler diyarına alınır ve günahlarına uygun cezalarını çekerler. Cehenneme ait olan aşağı ölüler diyarı da tıpkı gökler gibi muazzam genişliktedir ve kurtulamayan ruhların kaldığı farklı yerler bulunur.

Beyaz Tahtın Yargı Gününün öncesine kadar bu ruhlar, çeşitli cezalardan geçerek aşağı ölüler diyarında kalırlar. Bu cezalar böcekler ve hayvanlar tarafından saldırılardan tutun, cehennemin elçilerinin eziyetlerine kadar gider. Beyaz Tahtın Yargı gününden sonra ya ateş gölüne ya da kükürtle yanan ateş gölüne sonsuza dek ıstırap çekmek üzere atılırlar (Vahiy 21:8).

Ateş ya da kükürt gölü cezası, aşağı ölüler diyarında aldıkları cezadan kat be kat daha acı vericidir. Cehennemin ateşinin sıcaklığı hayal dahi edilemez. Kükürt gölü ateş gölünden yedi kat daha sıcaktır. Burası, Kutsal ruh'a karşı gelmek ve küfretmek gibi bağışlanmaz günahları işleyenlerin gittiği yerdir.

Tanrı bir keresinde bana bu iki gölü de göstermişti. Kaplıcalarda olduğu gibi üzerinden buharlar gelen sonsuz yerlerdi ve insanlar belli belirsiz görülebiliyordu. Kimisinin göğsü, kimisi de başı dışarıda kalacak şekilde göle batmış durumdaydı. Ateş gölünde haykırışları ve diş gıcırtıları duyuluyordu ama kükürt gölünde acı o kadar büyüktü ki diş gıcırtıları bile duyulmuyordu. Bu gözle görülmez dünyanın kesinlikle var olduğuna inanmalı ve Tanrı'nın Sözüne göre yaşamalıyız ki, kesinlikle kurtuluşu alabilelim.

## Nasıl ki Güneşin ve Ayın Görkemi Farklıysa

Dirildikten sonraki bedenlerimizi açıklarken elçi Pavlus şöyle demiştir: " Güneşin görkemi başka, ayın görkemi başka, yıldızların görkemi başkadır. Görkem bakımından yıldız yıldızdan farklıdır." (1.Korintliler15:41).

Güneşin görkemiyle kastedilen; günahlarını tamamen söküp atmış, kutsallaşmış ve yeryüzünde Tanrı'nın bütün evinde sadık olmuş olanlardır. Ayın görkemiyle, güneşin görkeminin seviyesini başaramamış olanlar kastedilir. Yıldızların görkemi, ayın görkeminden çok daha azını başaranlara verilir. Ayrıca yıldız yıldızdan farklı olduğundan, göklerde aynı yere gitseler bile herkesin alacağı görkem ve ödüllerde farklı olacaktır.

İncil, göklerde her birimizin farklı bir görkem olacağını yazar. Göksel yerler ve ödüller, bir kişinin günahı söküp attığı ölçüye, sahip olduğu ruhani imanın miktarına ve Tanrı'nın egemenliğine ne kadar sadık olduğuna göre farklı olur.

Göksel egemenlik, her bireyin imanın ölçüsüne göre verilen birçok yaşam alanıyla doludur. En az imana sahip olanların gittiği yer cennettir. Göğün birinci katı cennetten, ikinci katı birinci katından ve üçüncü katıda ikinci katından daha iyi bir yerdir. Göğün üçüncü katında, Tanrı'nın tahtının yer aldığı Yeni Yeruşalim bulunur.

## Göksel Egemenlik Aden Bahçesi'yle Kıyaslanamaz

Aden Bahçesi öylesine güzel ve huzurlu bir yerdir ki,

yeryüzündeki en güzel yer bile onunla kıyaslanamaz. Fakat Aden Bahçesi bile göksel egemenliğin yanında bir hiçtir. Aden Bahçesi'nde duyumsanan mutlulukla göksel egemenlikte duyumsanan mutluluk tamamen farklıdır çünkü Aden Bahçesi, göğün ikinci katında, göksel egemenlik ise göğün üçüncü katındadır. Ayrıca bir diğer nedeni, Aden Bahçesi'nde yaşayanlar insanın yetiştirilme sürecinden geçmediklerinden Tanrı'nın çocukları değillerdir.

Yeryüzündeki yaşamın hiçbir ışığın olmadığı karanlık bir yaşam olduğunu farz edin. Böyle düşünürseniz Aden Bahçesi'nde yaşam kandil ışığında, göksel egemenlikteki yaşam ise parlak elektrik ışığında yaşamaktır. Ampul icat edilmeden önce oldukça sönük ışık veren kandiller kullanılırdı. Fakat yinede değerliydiler. İnsanlar ilk kez elektrik ışığını gördüklerinde hayretlere düşmüştü.

Göklerdeki farklı yaşam alanlarının insanların imanlarının ve yeryüzündeki yaşamları esnasında yetiştirdikleri ruhun yüreğinin ölçüsüne göre verildiğini açıklamıştık. Ve her bir göksel yer, orada hissedilen görkem ve mutluluğa göre birbirinden oldukça farklıdır. Tanrı'nın bütün evinde sadık ve tamamen ruhani bir insan olmak için kutsallaşma seviyesinin ötesine geçersek, Tanrı'nın tahtının olduğu Yeni Yeruşalim kentine girebiliriz.

## Gerçek Çocuklara Bahşedilen En İyi Armağan Olan Yeni Yeruşalim

Yuhanna 14:2 ayetinde İsa'nın, "Babam'ın evinde kalacak çok yer var" dediği gibi, göklerde esasen birçok yaşam alanı vardır. Tanrı'nın tahtının bulunduğu Yeni Yeruşalim kenti olduğu gibi, güçbelâ kurtuluşa nail olanların girmesine izin verildiği cennette vardır. 'Görkemin Kenti' olarak da adlandırılan Yeni Yeruşalim kenti, göksel yerler arasındaki en güzel yerdir. Tanrı sadece herkesin kurtulmasını değil, bu kente gelmesini de ister (1. Timoteos 2:4).

Tarımla uğraşan çiftçi sadece en iyi kalitede buğday elde etmez. Aynı şekilde, insanın yetiştirilme sürecinden geçen herkes de bütünüyle ruh olan Tanrı'nın çocuklarına dönüşmez. Yeni Yeruşalim kentine gelmeye hak kazanamayanlar için, Tanrı cennetten göğün birinci, ikinci ve üçüncü katına kadar pek çok yer hazırlamıştır.

Eski püskü bir kulübeyle bir saray birbirinden nasıl farklıysa, cennetle Yeni Yeruşalim kenti de o kadar birbirinden farklıdır. Anne-babalar nasıl ki en iyi şeyleri çocuklarına vermeyi istiyorsa, Tanrı'da O'nun gerçek çocukları olmamızı ve tüm şeyleri O'nunla Yeni Yeruşalim'de paylaşmamızı ister.

Tanrı'nın sevgisi belli bir insan grubuna yönelik değildir. İsa Mesih'e iman eden herkese o sevgi bahşedilir. Fakat onların gittiği göksel yerler, kazandıkları ödüller ve Tanrı tarafından bahşedilen sevginin ölçüsü, kutsallaşmalarına ve sadakatlerine göre farklılık gösterecektir.

Cennete, göğün birinci ve ikinci katlarına gidenler, benliği tamamen söküp atamayanlardır ve esasen Tanrı'nın gerçek çocukları değillerdir. Nasıl ki küçük çocuklar ebeveynleriyle ilgili her şeyi anlayamazsa, onlar içinde Tanrı'nın yüreğini anlamak zordur. Her bireyin imanının ölçüsüne göre farklı göksel yerler hazırlayan Tanrı'nın ayrıca sevgisi ve adaletidir bu. Nasıl ki aynı yaş grubundan arkadaşlarla takılmak çok eğlenceliyse, aynı iman seviyesinde olan göksel vatandaşların bir arada olması daha huzur verici ve eğlencelidir.

Yeni Yeruşalim kenti, insanın yetiştirilme süreci vesilesiyle Tanrı'nın yetkin meyveleri aldığının da ayrıca bir kanıtıdır. Kenti çevreleyen on iki temel taş, o taşlar kadar güzel olarak kente giren Tanrı'nın çocuklarının yüreklerini doğrular. İnciden kapı; incilerin oluşumunda sabreden kabuklar gibi o kapıdan sabrı yetiştirmiş olanların geçtiğini onaylar.

İnciden kapılardan geçerlerken, göksel egemenliğe gelmek için gösterdikleri sabır ve sebatı hatırlarlar. Cam saydamlığındaki altın yollardan yürüdüklerinde yeryüzündeki imanlarını hatırlarlar. Evlerin büyüklükleri ve süsleri, Tanrı'yı ne kadar sevdiklerini ve imanla O'nu nasıl yücelttiklerini hatırlatır. Yeni Yeruşalim kentine girenler kristal kadar saf ve güzel bir yüreği yetiştirmiş Tanrı'nın çocukları olduklarından Tanrı'yla yüz yüze olabilirler. Ayrıca onlara sayısız melek hizmet eder; sonsuz bir mutluluk ve sevinç içinde yaşarlar. Öylesine mest eden ve kutsal bir yerdir ki, insanın hayal dünyasının çok ötesindedir.

Çeşitli kitapların nasıl varsa, göklerde de çeşitli kitaplar vardır. Kurtulanların adının yazdığı yaşam kitabı vardır. Rab'den korkup O'nun adını sayanların olduğu bir anma kitabı vardır. Altın rengi kapağında soylu desenler vardır; gören bir kişi, o kitabın çok büyük değeri olduğunu kolayca anlayabilir. Detaylıca her bireyin hangi koşullar altında ne tür eylemlerde bulunduğunu yazar; önemli bölümler ayrıca video misali kaydedilmiştir.

Örneğin İbrahim'in oğlu İshak'ı yakmalık bir sunu olarak vermesi; İlyas'ın göklerden ateşi indirmesi; Daniel'in aslan çukurunda korunması; kızgın fırından hiç zarar görmeden çıkan Daniel'in üç arkadaşının Tanrı'yı yüceltmeleri yazılıdır. Tanrı, kitabı açmak için belli bir gün belirler ve içeriklerini insanlara tanıtır. Tanrı'nın çocukları mutluluk içinde dinler ve övgülerle O'nu yüceltirler.

Ayrıca Yeni Yeruşalim'de Tanrı'nın verdiği pek çok şölenler olur. Rab, Kutsal Ruh tarafından verilen şölenlerde olur ve bu şölenlere İlyas, Hanok, İbrahim gibi peygamberle elçi Pavlus'da katılır. İnanlılarda, diğer inanlıları çağırdıkları şölenler verirler. Şölenler, göksel yaşamdaki sevincin bir doruk noktasıdır. Bolluğun, özgürlüğün, güzelliğin ve göklerin görkeminin görülüp tadına varıldığı bir yerdir.

Yeryüzünde bile insanlar kendilerini güzelce süsler ve yiyip içtikleri büyük şölenlerin keyfini çıkarırlar. Göklerde de aynıdır. Göklerde melekler müzik çalar ve ilahiler okurlar. Tanrı'nın çocukları da ayrıca buna eşlik eder. İlahilerin, mutluluk seslerine karıştırdığı bir yerdir. Yuvarlak masalarda oturarak imandaki kardeşleriyle mutluluk dolu sohbetler yaparlar ya da tanışmaya hasret duydukları imanın atalarıyla selamlaşırlar.

Rab tarafından verilen bir şölene katılırlarsa, güveyin gelinleri gibi en güzel şekilde inanlılar süslenir. Rab, ruhani güveyimizdir. Rab'bin mekânına ulaştıklarında, iki taraftan iki melek Rab'bin gelinlerini karşılar ve altuni ışıklarla aydınlanmış bir kapıdan girerler.

Bu yerin sütunları değerli taşlarla süslenmiştir. Sütunun tepesi güzel çiçeklerle donanmıştır ve bu çiçekler oraya gelmiş olan Rab'bin gelinlerinin güzel kokusunu yayar. İçeri girdikçe ruhlarının derinlerine kadar işleyen bir müziğin sesini duyarlar. İlahilerin sesiyle mutluluk ve huzur duyarlar; kendilerini o yere taşıyan Tanrı'nın sevgisi için şükranla dolarlar.

Altın yoldan Rab'bin yerine yürürlerken onlara rehberlik eden meleklerdir; yürekleri heyecanla atar. Rab'bin yerine yaklaştıklarında kendilerini karşılamak üzere dışarı gelmiş olan Rab'bi görebilirler. Anında gözleri yaşla dolar ama mümkün olduğunca çabuk O'na kavuşmak için O'na doğru koşarlar.

Sevgi ve şefkat dolu yüzüyle onları birer birer bağrına basar. 'Haydi! Gelin, güzel gelinlerim! Hoş geldiniz!' diyerek onları selamlar. Rab tarafından sıcak bir şekilde karşılanan inanlılar, 'Beni davet ettiğin için teşekkür ederim' diyerek yürekten şükranlarını sunarlar. Sevgiyi paylaşanların yaptığı gibi Rab'le el ele yürür, yeryüzünde yaşarken o çok istedikleri sohbetleri O'nunla yaparlar.

Üçlü Birliğin Tanrı'sıyla Yeni Yeruşalim kentindeki yaşam sevgi, sevinç, mutluluk ve memnuniyetle doludur. Rab'le yüz yüze O'nun bağrında olabilir, O'nunla seyahat edebilir ve O'nunla birlikte pek çok şeyin tadını çıkarabiliriz. Ne mutlu bir yaşam! Böylesi bir mutluluğun tadına varmak için kutsal olmalı ve ruhu başarmalıyız; yarıca tamamen Rab'bin yüreğini anımsatan bütünüyle ruha dönüşmeliyiz.

Öyleyse bu umutla hızla ruhu başaralım, bizim için her şeyin yolunda gitmesi ve canımız gönenç içinde sağlıkla kutsanalım. Ve sonra görkemli Yeni Yeruşalim kentindeki Tanrı'nın tahtına olabildiğince yaklaşalım.

Yazar:
# Dr. Jaerock Lee

Dr. Jaerock Lee, 1943 yılında Kore Cumhuriyeti'nin Jeonnam eyaletine bağlı Muan'da doğdu. Yirmili yaşlarında yedi yıl süren ve tedavisi mümkün olmayan birçok hastalıktan dolayı ıstırap çekti ve iyileşme umudu olmadan ölümü bekledi. Fakat 1947 yılının bir bahar günü kız kardeşi tarafından bir kiliseye götürüldü ve orada dizlerinin üzerine dua etmek için çöktüğünde, Yaşayan Tanrı onu tüm hastalıklarından bir anda iyileştirdi.

Dr. Lee, bu olağanüstü tecrübenin akabinde karşılaştığı Yaşayan Tanrı'yı o andan itibaren tüm kalbi ve samimiyetiyle sevdi ve 1978 yılında Tanrı'ya hizmet için göreve çağrıldı. Tanrı'nın isteğini tüm berraklığıyla anlayabilmek, bütünüyle başarmak ve Tanrı'nın sözüne itaat etmek için oruçlarla kendini adayarak dua etti. 1982 senesinde Seul, Kore'de Manmin kilisesini kurdu ve bu kilisede mucizevî şifalar, belirti ve harikalar gibi Tanrı'nın sayısız işleri meydana gelmektedir.

Dr. Lee, 1986 yılında Kore Sungkyul kilisesinin Senelik İsa kurultayında papazlığa atandı ve bundan dört yıl sonra vaazları Avustralya, ABD, Rusya, Filipinler ve daha pek çok yerde Uzakdoğu Radyo Yayın şirketi, Asya Radyo istasyonu ve Washington Hristiyan Radyo Sistem yayıncılık şirketleri tarafından yayınlanmaya başlandı.

1993 yılına gelindiğinde Manmin Kilisesi Hristiyan Dünya dergisi (ABD) tarafından "Dünyanın ilk 50 kilisesinden biri seçildi ve Dr. Lee, Florida, ABD'de bulunan Christian Faith üniversitesi ilahiyat fakültesinden fahri doktora derecesini aldı. 1996 yılında ise Iowa, ABD Kingsway Theological Seminary'de papazlık üzerine doktorasını yaptı.

1993 yılından beri Dr. Lee, Tanzanya, Arjantin, Los Angeles, Baltimore City, Hawaii, New York City, Uganda, Japonya, Pakistan, Kenya, Filipinler, Honduras, Hindistan, Rusya, Almanya, Peru, Kongo Demokratik Cumhuriyeti, İsrail ve Estonya olmak üzere pek çok uluslararası misyonerlik faaliyetleriyle dünya evangelizasyonda başı çekmektedir.

2002 yılında yurtdışında yapmış olduğu güçlü misyonerlik çalışmalarıyla Kore'nin önde gelen Hristiyan gazeteleri tarafından "Dünya Çapında Halkları Dirilten Vaiz" olarak adlandırılmıştır. Özellikle dünyanın en ünlü arenası olan Madison Square Garden'da yapılan "2006 New York Seferi", 220 ülkede gösterilmiştir. Kudüs Uluslar arası Kongre Merkezi'nde gerçekleşen "2009 Birleşmiş İsrail Seferi"nde cesurca İsa'nın

Mesih ve Kurtarıcı olduğunu ilan etmiştir. GCN TV'de olmak üzere vaazı uydular aracılığıyla 176 ülkede yayınlanmaktadır. Rusya'nın en popüler Hristiyan dergisi In Victory tarafından 2009 ve 2010 yıllarında en etkili on Hristiyan Liderinden biri seçilmiştir. Aynı şekilde güçlü TV yayınları ve yurtdışı kilise faaliyetleriyle Christian Telegraph tarafından da en etkili lider olarak seçilmiştir.

2012 Mart ayı itibarıyla Manmin Merkez Kilisesinin 120,000'den fazla üyesi bulunmaktadır. 54 tanesi Kore'de olmak üzere dünya çapında 10,000 adet kilisesi vardır ve içlerinde ABD, Rusya, Almanya, Kanada, Japonya, Çin, Fransa, Hindistan, Kenya ve daha fazlası olmak üzere 23 ülkede 129'dan fazla misyoneri görev yapmaktadır.

Bu kitabın yayınlanmasına kadar geçen sürede Dr.Lee, en çok satan Ölümden Önce Sonsuz Yaşamı Tatma, İmanım ve Hayatım I &II, Çarmıhın Mesajı, İmanın Ölçüsü, Göksel Egemenlik I&II ve Tanrı'nın Gücü kitapları yanında 64 kitap yazmıştır. Kitapları 74'den fazla dile çevrilmiştir.

Dini makaleleri The Hankook Ilbo, The JoongAng Daily, The Chosun Ilbo, The Dong-A Ilbo, The Munhwa Ilbo, The Seoul Shinmun, The Kyunghyang Shinmun, The Hankyoreh Shinmun, The Korea Economic Daily, The Korea Herald, The Shisa News ve The Christian Pres medyalarında yayınlanmaktadır.

Dr. Lee şu anda birçok misyonerlik kuruluşunun ve derneğinin kurucusu ve başkanıdır. Bunlardan bazıları şunlardır: İsa Mesih'in Birleşmiş Kutsallık Kilisesi (The United Holiness Church of Jesus Christ) Başkanı; Manmin Dünya Misyon Başkanı ((Manmin World Mission); Dünya Hristiyanlığı Diriliş Misyonu Derneği (The World Christianity Revival Mission Association)Daimi Başkanı; Global Hristiyan Network (GCB-Global Christian Network)) Kurucusu ve Yönetim Kurulu Başkanı; Dünya Hristiyan Doktorları (WCDN- The World Christan Doctors Network) Kurucusu ve Yönetim Kurulu Başkanı; Manmin Uluslararası İlahiyat Okulu (MIS-Manmin International Seminary) Kurucusu ve Yönetim Kurulu Başkanı.

## Aynı Yazar Tarafından Yazılmış Diğer Etkili Kitaplar

### Göksel Egemenlik I & II

Göksel ahalinin keyfine vardığı muhteşem güzellikte ki yaşama ortamının detaylı bir taslağı ve göksel egemenliğin farklı katlarının güzel bir açıklaması.

### Çarmıhın Mesajı

Ruhani uykuda olan tüm insanların uyanmasını sağlayan güçlü bir mesaj! Bu kitapta İsa'nın niçin tek Kurtarıcı olduğunu ve Tanrı'nın gerçek sevgisini keşfedeceksiniz.

### Cehennem

Tek bir canın bile cehennemin derinliklerine düşmesini arzu etmeyen Tanrı'dan tüm insanlığa içten bir mesaj! Aşağı ölüler diyarı ve cehennemin daha önce hiç açıklanmamış acımasız gerçeğini keşfedeceksiniz.

### Ruh, Can ve Beden I & II

Ruh, can ve beden hakkında ruhani kavrayışa sahip olmamızı ve nasıl bir özden yaratıldığımızı keşfetmemizi sağlayan bu rehber kitap sayesinde karanlığı yenilgiye uğratmak ve ruhun insanına dönüşmek için güce sahip olabiliriz.

www.urimbooks.com

www.ingramcontent.com/pod-product-compliance
Lightning Source LLC
LaVergne TN
LVHW021807060526
838201LV00058B/3269